The bible for good riders

乗馬
上達バイブル

正しい技術でレベルアップ

乗馬クラブクレイン●監修

この本の使い方

How to use of the book.

上達のポイント

NO. 1

馬房で馬に近づく時は

声かけを行い、スムーズに左側・顔の下あたりに接近すること。

馬との信頼関係を深めるため、自信を持った態度が大切に。

悪い例 NG

いきなり近づくと馬を驚かせることに。

馬は敏感な生き物ですので無言でいきなり近づくのは禁物。視界の届かない後ろからの接近は厳禁です。

馬にとって自分の家にあたる馬房。乗馬を行う前の準備は、まずこの馬房から馬を出すことからはじまります。ご存じのとおり、馬というのは五感の中でも、とりわけ聴覚が発達している生き物なので、ちょっとした物音や話し声などにも耳を立て、音の方にピクッと耳の向きを変えることが少なくありません。まず、**馬房の中の馬に近づく際には、オーラ、オーラなどと声をかけながら**、落ち着かせることが大切です。このとき、慣れないうちはどうしても動きがぎこちなくなりがちですが、馬はこちらの不安や緊張を敏感に察知しますので、よどみなく、スムーズに動くように気をつけましょう。

ココをマスター

馬房から馬を出すための近づき方、接し方などを習得します。

10

ポイントNO.

上達するためのコツを、No.1～50に分けて紹介していきます。

タイトル

各項目のタイトルには、乗馬をうまく行うためのコツや陥りやすい失敗などを掲げました。

ココをマスター

どんな知識・技術を習得できるのかを紹介しています。自分が身につけたいコツかどうかを判断するときに役立ててください。

本　文

本文では、コツをつかむための注意点や練習の概要などを紹介していきます。太字になったフレーズはキーポイントとなりますので、しっかりチェックするようにしましょう。

ポイントをチェック

レッスンのポイント・注意点などを紹介しています。まずはここで全体をざっと把握し、具体的な事例については、下記の3つのポイントで確認していくといいでしょう。

ステップ

乗馬の上達状況に応じて、各項目を3つのステップに分類して紹介しています。

サブタイトル

乗馬のどんな状況・運動に役立つコツなのかをワンフレーズで掲載しています。

ステップ1　ステップ2　ステップ3

馬房の馬に近づくときのポイント

できるポイントを徹底チェック!

馬房の中にいる馬に接する際、慣れないうちは何かと緊張することが多いでしょう。ただ、馬はそんな人間の変化を敏感に察知しますので、近づく際のポイントをしっかりと押さえて、自信を持って行動することが大切です。

POINT. 1

馬房のとびらはしっかりと全開まであける。

恐怖心からか、慣れないうちは馬房のとびらを中途半端に開けがち。でも、これは余計に馬や人の怪我につながりかねません。馬房に入る際には、とびらをしっかりと全開まで開け、自分の体で馬房の入口をふさぐような形に立つように心掛けましょう。

POINT. 2

後ろ向きの際は壁などを叩いて馬に合図を送る。

馬房に入る際、必ずしも馬が入口側を向いているとは限りません。そんな時は、馬房の入口側の壁や水桶などを軽く叩き、馬に優しく声をかけながら合図を送るようにしましょう。そうすれば、馬が自分で向きを変え、無口頭絡を付けやすい位置まで誘導することができます。

POINT. 3

馬に近づく際は馬体の左側、頬・頸あたりに。

馬に近づく際は、必ず優しく低いトーンで声をかけ、左側から近づいていくようにしましょう。馬との接触は、馬の目に一番近い頸からというのが基本です。優しく頸をなでながら話しかけることで、馬も警戒感を和らげ、より深いコミュニケーションをとることができます。

11

注意点や成功のポイント

レッスン時に陥りやすい注意点やうまくいくためのポイントなどを、写真とともに詳しく紹介しています。

上達のポイント50
CONTENTS

STEP.1

騎乗前後の準備と手入れ・乗馬下馬の仕方

STEP.2 基本姿勢の確認・脚や手綱の使い方・軽速歩

上達のポイント50
CONTENTS

STEP.2

STEP.3

馬場での練習の注意点・駈歩のコツ

STEP.3

騎乗前後の準備と手入れ・乗馬下馬の仕方

乗馬する前に必要な準備の流れを解説するほか、乗馬や下馬を行う時に注意すべきポイントを確認していきます。

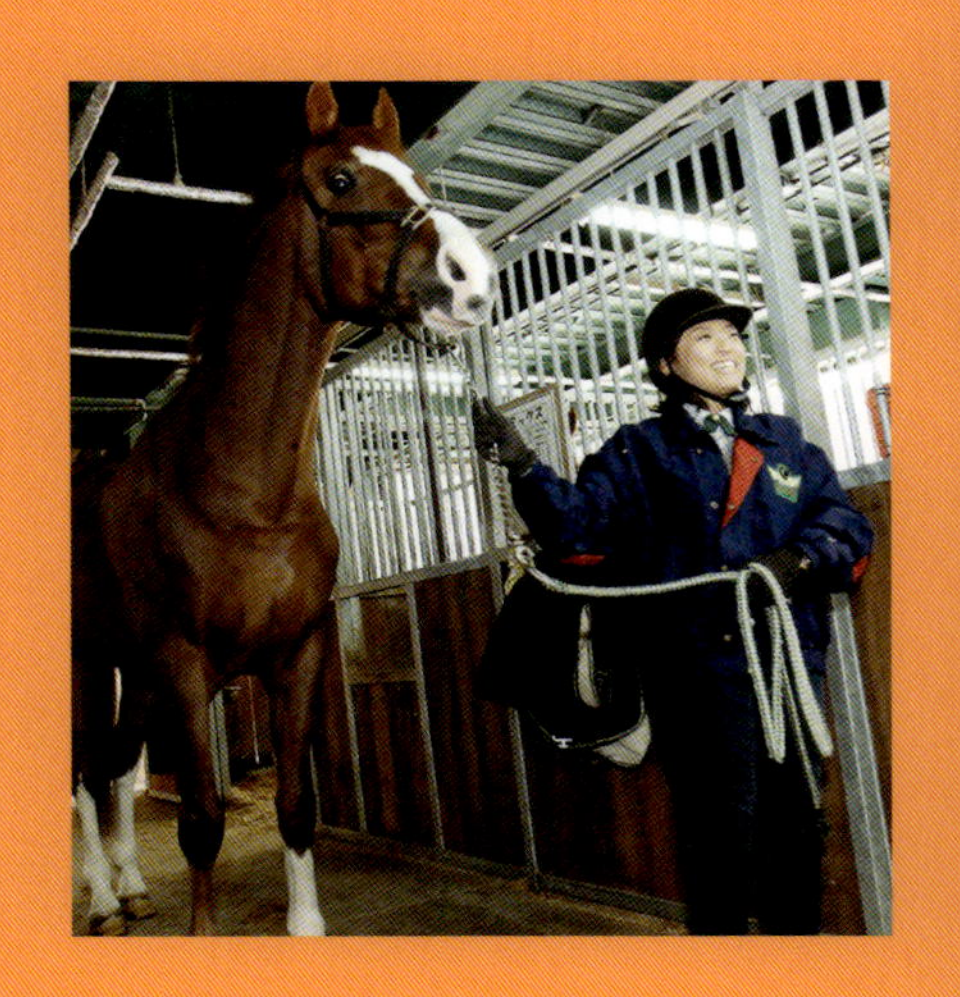

上達のポイント

NO. 1

馬房で馬に近づく時は

声かけを行い、スムーズに左側・顔の下あたりに接近すること。

悪い例 NG

いきなり近づくと馬を驚かせることに。

馬は敏感な生き物ですので無言でいきなり近づくのは禁物。視界の届かない後ろからの接近は厳禁です。

馬との信頼関係を深めるため、自信を持った態度が大切に。

ココをマスター

馬房から馬を出すための近づき方、接し方などを習得します。

馬にとって自分の家にあたる馬房。乗馬を行う前の準備は、まずこの馬房から馬を出すことからはじまります。ご存じのとおり、馬というのは五感の中でも、とりわけ聴覚が発達している生き物なので、ちょっとした物音や話し声などにも耳を立て、音の方にビクッと耳の向きを変えることが少なくありません。まず、**馬房の中の馬に近づく際には、オーラ、オーラなどと声をかけながら**、落ち着かせることが大切です。このとき、慣れないうちはどうしても動きがぎこちなくなりがちですが、馬はこちらの不安や緊張を敏感に察知しますので、よどみなく、スムーズに動くように気をつけましょう。

できるポイントを徹底チェック！

馬房の中にいる馬に接する際、慣れないうちは何かと緊張することが多いでしょう。ただ、馬はそんな人間の変化を敏感に察知しますので、近づく際のポイントをしっかりと押さえて、自信を持って行動することが大切です。

POINT. 1

馬房のとびらはしっかりと全開まであける。

恐怖心からか、慣れないうちは馬房のとびらを中途半端に開けがち。でも、これは余計に馬や人の怪我につながりかねません。馬房に入る際には、とびらをしっかりと全開まで開け、自分の体で馬房の入口をふさぐような形に立つように心掛けましょう。

POINT. 2

後ろ向きの際は壁などを叩いて馬に合図を送る。

馬房に入る際、必ずしも馬が入口側を向いているとは限りません。そんな時は、馬房の入口側の壁や水桶などを軽く叩き、馬に優しく声をかけながら合図を送るようにしましょう。そうすれば、馬が自分で向きを変え、無口頭絡を付けやすい位置まで誘導することができます。

POINT. 3

馬に近づく際は馬体の左側、頬・頸あたりに。

馬に近づく際は、必ず優しく低いトーンで声をかけ、左側から近づいていくようにしましょう。馬との接触は、馬の目に一番近い頸からというのが基本です。優しく頸をなでながら話しかけることで、馬も警戒感を和らげ、より深いコミュニケーションをとることができます。

上達のポイント

NO.2

無口頭絡を装着するときには、

両手で開けてスムーズに行うように。

悪い例 NG

長い時間をかけると馬のイライラに。

丁寧で確実な作業も大切ですが、手際よくサッと無口をかけてあげないと、余計なストレスを与える結果に。

無口頭絡を両手でしっかり握り、機嫌を損ねないようスムーズに。

馬房から馬を出す際には、馬体の左側に近づいた後、無口頭絡を馬の頭につけていきます。まずは、馬房に入る前に無口頭絡を準備しておきます。そして、ゆっくりと声かけを行いながら馬房内の馬に近づき、右手に無口頭絡を持っておきます。この際、**無口頭絡から伸びる綱は丸めるなどして、束ねておくようにしましょう**。そして、まずは項革と鼻革を顔に通していきます。このとき、もし馬がイライラするなどして動く場合には、左手で軽く馬の鼻を押さえてやると頭の動きを防ぐことができます。次に、項革を耳の後ろまで通していきます。

ココをマスター

馬房内で無口頭絡をよりスムーズに装着できるようにする。

できるポイントを徹底チェック！

無口頭絡を付ける際は、馬が嫌がるまえに、スピーディーに装着していくのがポイントです。無口頭絡を付けやすいように、あらかじめ右手に準備し、スムーズに作業が行えるように心掛けておくことが大切になります。

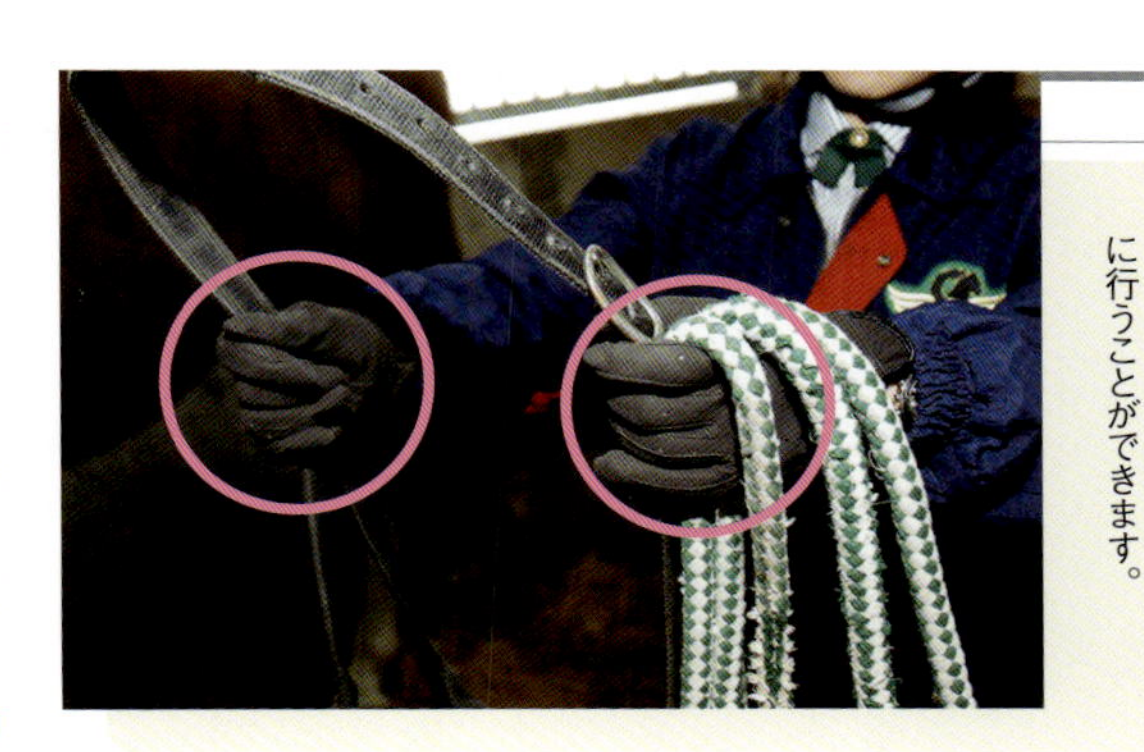

POINT. 1

頭を通す前に両手でしっかりと項革部分を開ける。

声をかけながらゆっくりと馬に近づき、左手で頸を愛撫した後、無口頭絡の項革部分の両サイドを両手で持ち分けます。その際、無口頭絡から伸びる綱は、三重ぐらいの輪を作るようにして、左手で持つようにしておくと、その後の曳き馬もスムーズに行うことができます。

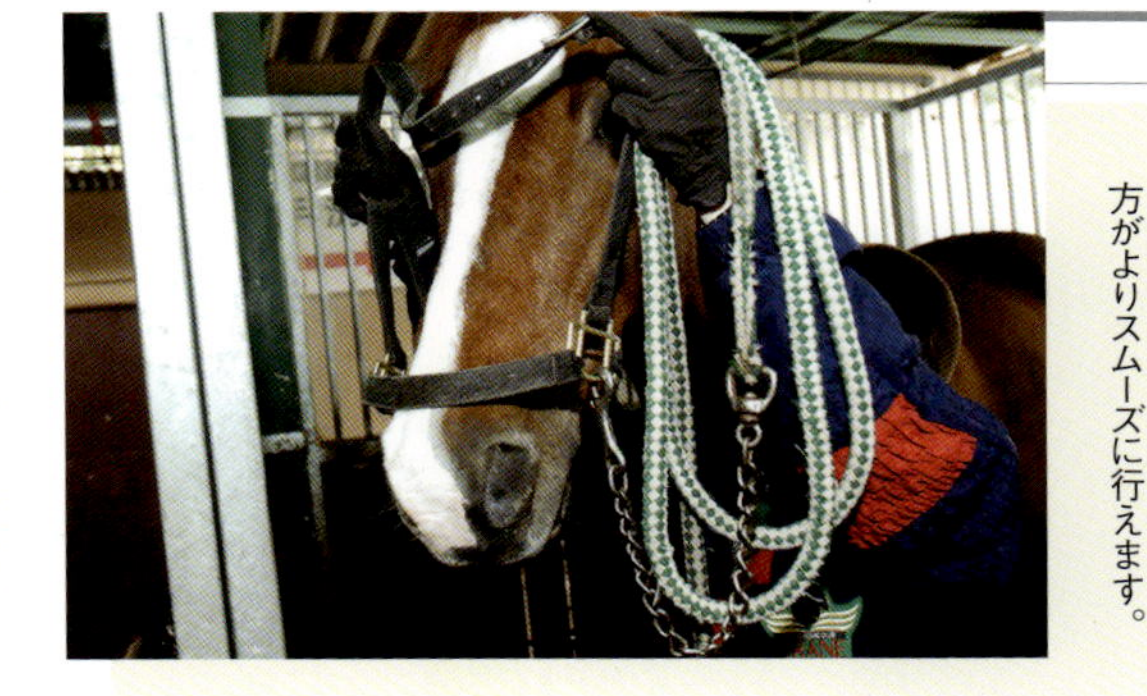

POINT. 2

無口頭絡の装着はスムーズに行うことが大切。

無口頭絡を装着する際は、スピーディーに行うことを心掛けましょう。そのためにも、両手でしっかりと無口頭絡を持ち、自信を持って作業を行うことが必要です。項革は耳の後ろまで通しますが、両耳を一度に通すのではなく、片方ずつ通していく方がよりスムーズに行えます。

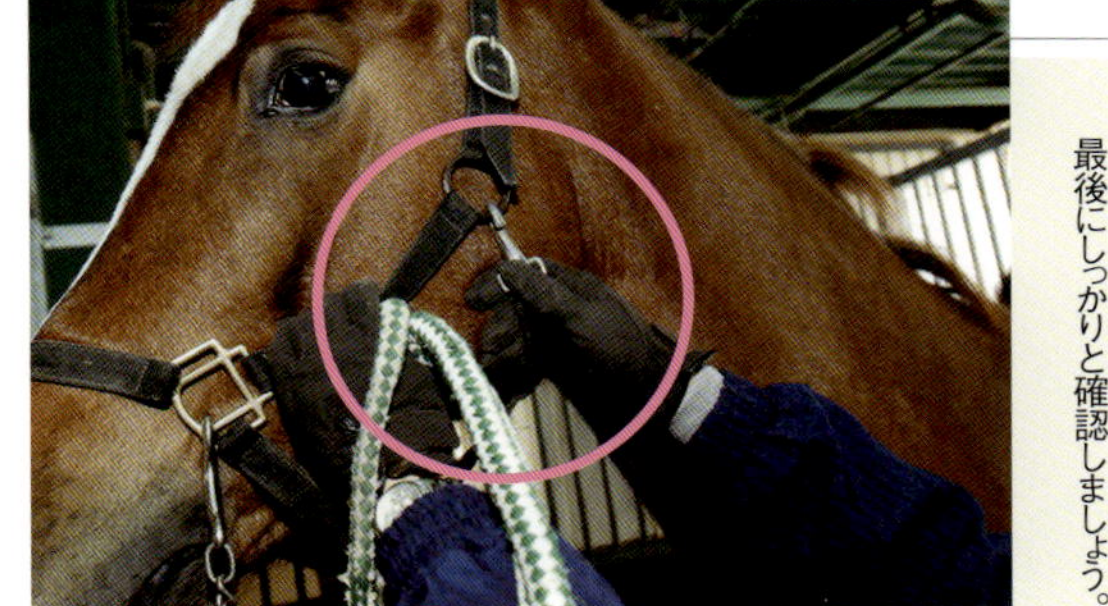

POINT. 3

装着の最後にはフックのかけ忘れに注意を払う。

無口頭絡を頭に通すことばかりに気を取られ、最後にかける喉革部分のフックを忘れたことはありませんか。これを忘れると、無口頭絡が外れたり、馬のケガにもつながりかねません。無口頭絡を装着後は、曳き馬をして洗い場へと向かいますので、最後にしっかりと確認しましょう。

上達のポイント

NO. 3

スムーズに曳き馬をするためには、

頬の横を歩き、右手は口から20cm程度に。

悪い例 NG

馬との距離は近づきすぎに注意。

曳き馬をする際には、馬に近づきすぎると馬の前肢と自分の足がぶつかる原因にもなりとても危険です。

馬の前肢の動きに注意して、常に馬の前を歩くような意識を。

馬房で無口をつけた後は、曳き馬をして洗い場へと向かいます。この時、必ず馬の左側に立ち、右手で無口頭絡から20cm程度離れた部分の曳き手を持ち、左手で曳き手のあまりを束ねて持つようにします。歩くときには、馬の前肢が自分の足に当たってしまわないよう、十分注意するようにしましょう。また、無口頭絡近くの曳き手を持つ右手は、馬の口よりも少し下あたりに置くようにし、あまり上にあげたり、下に押し付けないように注意します。また、**馬がなかなか歩きださない時には、馬よりも少し前から曳き手を引き**、歩き出したら頬の横に立つようにします。歩くスピードは馬に合わせるようにしましょう。

ココをマスター

曳き馬のポイント、早く歩く馬への対処法をマスターする。

できるポイントを徹底チェック！

曳き馬の際には、馬のペースに合わせながら、必ず馬の左側前方を歩くように心掛けます。馬体にあまり近づきすぎると、馬の前肢と自分の足が接触し、双方のケガの原因にもつながります。十分注意するようにしましょう。

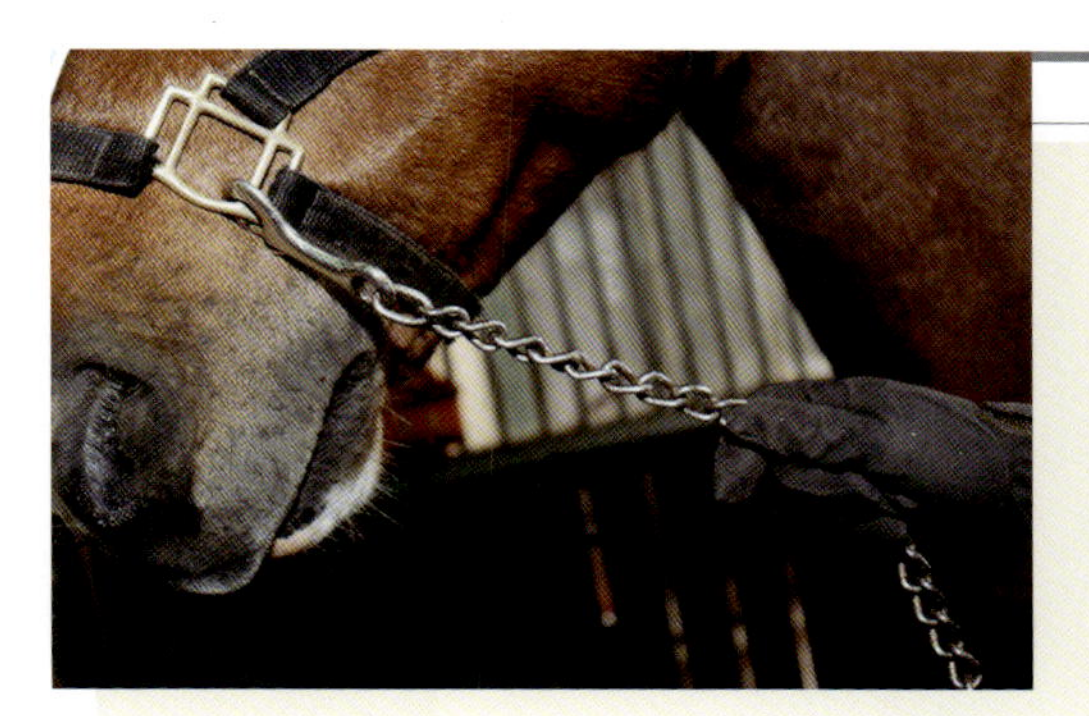

POINT. 1

右手の位置は馬の口から15～20cm程度に。

無口頭絡を持つ位置は、馬の口から15～20cm程度の鎖になっている部分が目安。長すぎると馬の口近くに余った綱や鎖がだらしなく伸びてしまい、馬がかんだりして遊んでしまうことも。逆に短すぎても自由が利きづらいので、適度な位置を保つことが大切になります。

POINT. 2

人が立つ位置は馬の頬の横辺りを目安にする。

曳き馬をする際は、馬の頬の横あたりに立ち、馬のペースに合わせながら歩いていきます。この際、あまり馬体に近づいて歩いていると、馬の前肢が伸びてきて、自分の足とぶつかってしまいます。余計なケガを防止する意味でも、馬よりも多少前を歩くような気持ちで。

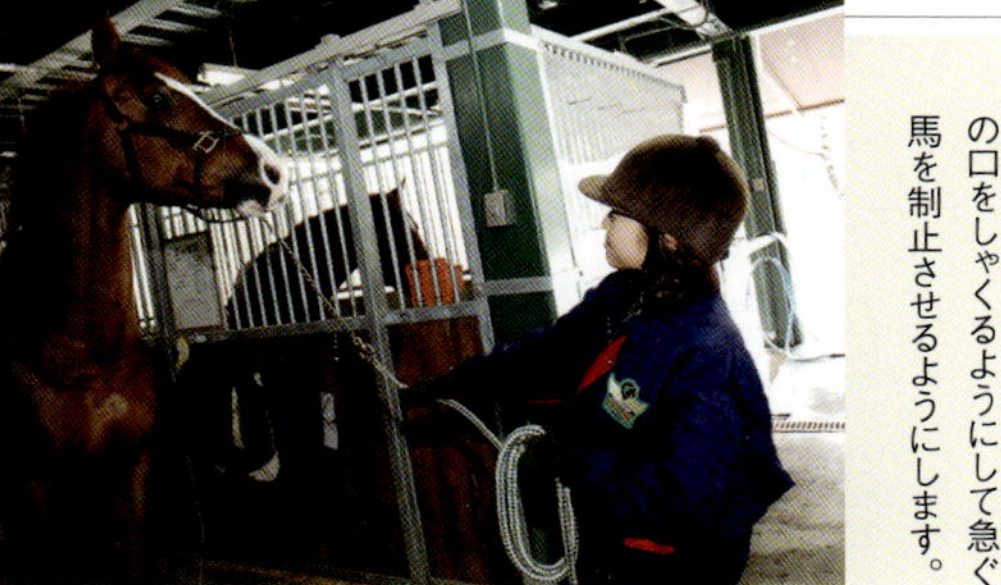

POINT. 3

止まらない場合はしゃくるようにし馬の動きを抑える。

曳き馬をする際には、予想以上のスピードで馬が急いで歩くケースがあります。そんな時には、少し立ち止まり、馬の口を後ろへ引くようにして馬の進行を抑えます。それでも止まらない場合には、無口頭絡の綱で馬の口をしゃくるようにして急ぐ馬を制止させるようにします。

上達のポイント

NO. 4

洗い場にスムーズに入るポイントは、

右側→奥→左側へとうまく馬を誘導すること。

悪い例 NG

右側から入らないと回転できなくなる。

最初にきちんと洗い場の右側へ誘導しないと、前が詰まってしまい、うまく回転させられません。

馬を確実に右側へと連れていき、右手を使ってうまく回転させる。

馬房から出た馬は、馬具を装着するために洗い場へと連れていきます。馬を洗い場に繋ぐ際には、馬房から馬を連れてくるときとは違い、小さなスペースで馬を回転させることが必要になります。まずは、洗い場の前へと馬を連れていき、洗い場の右側へと馬を誘導していきます。そして、馬を一旦右側の奥まで進め、**洗い場で反時計まわりに円を描きながら、ゆっくりと馬を回転させていきます。**そして、馬が真っ直ぐを向いた状態で制止したら、曳き手を洗い場へと繋げていきます。結んだ後にあまった曳き手は、洗い場での作業の邪魔にならないように横にかけておきます。

馬の手入れを行う洗い場への入り方・繋げ方を習得する。

できるポイントを徹底チェック！

洗い場へと馬をつなげる際には、限られたスペースで馬を回転させなければならないので、しっかりと馬を誘導することが重要。事前にポイントを押さえ、曳き手をつなげるまでの動作をスムーズに行えるようにしましょう。

POINT.1

洗い場の右側へとしっかりと馬を誘導していく。

洗い場では限られたスペースで馬を回転させなければならないので、曳き馬で誘導してくる段階で、しっかりと右側に寄せておかないと、洗い場の中で回転することが困難になります。洗い場に入る段階で、中央や左側に馬が寄っているようなら、もう一度入り直すようにしましょう。

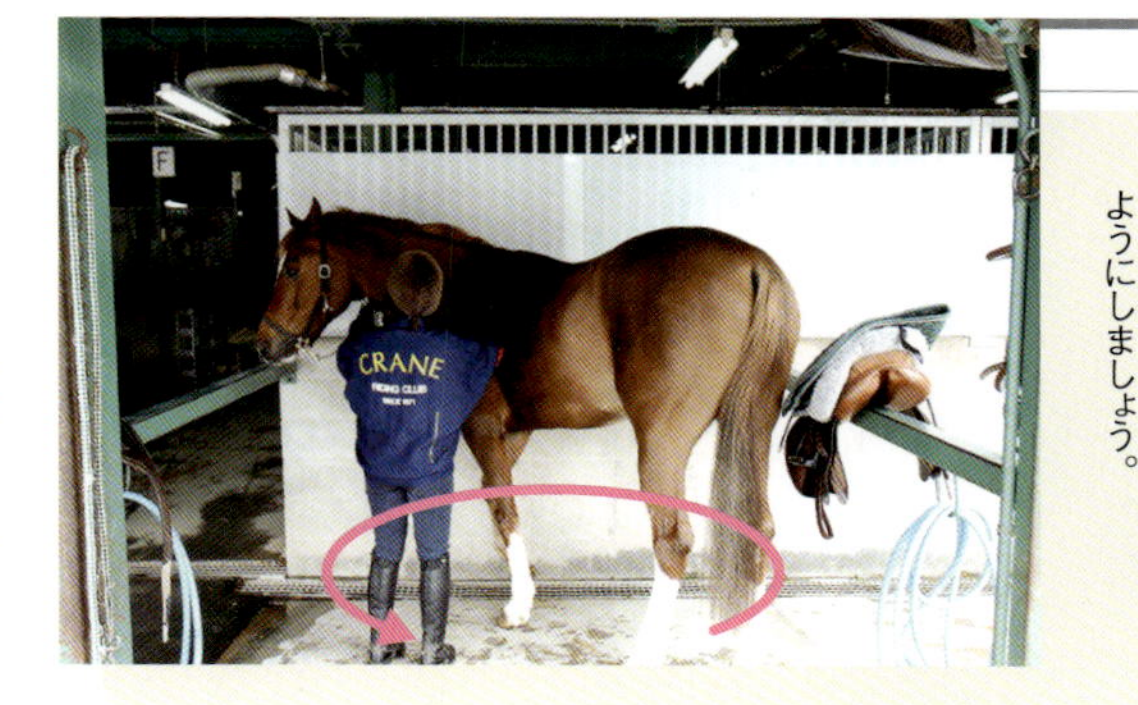

POINT.2

奥まで来たら右手を使って馬のお腹を押す。

馬が洗い場の奥まで到達したら、右手を曳き手から放し、馬の前肢から少し離れるようにし、馬のおなかを押すようにして回転させていきます。このとき、あまり馬に近づきすぎていると自分の足を馬に踏まれる恐れがありますので、一定の距離を保つようにしましょう。

POINT.3

曳き手の結び方はコツが必要なので事前に練習を。

無口頭絡の曳き手は、馬が引っ張ってもほどけることなく、かつ簡単にほどけるように結びます。まず、曳き手を結ぶ金属の輪に曳き手を通し、金属に通した部分の曳き手を1、2度ねじり、ねじってできた輪の部分に、伸びた曳き手を通すようにして結んでいきます。

上達のポイント

NO. 5

ブラッシングはまず馬の頸から。

腹や肢の付け根は、ブラシを十分寝かせて使う。

悪い例 NG

ブラシを立てるのは馬が嫌がる原因に。

ブラシの毛を立てて使うのはNG。特に敏感なお腹や肢の付け根をブラッシングする際には、細心の注意を!

頸→肩→背…という順序を守り、丁寧にブラッシングを進める。

騎乗前には馬にブラシをかけていきます。日頃から清潔な状態にしておくことは馬の健康にとってとても大切なこと。馬房から出た馬は、ゴミやほこり、泥など、見た目以上に汚れているものです。全体にしっかりとブラッシングを行い、毛並みを整えていきましょう。ブラッシングは、**頸から背中、腰から尻、背から腹、肢という順序で行っていきます。**いきなり腹などからブラッシングを始めると、敏感な部分でもありますので馬はなかなか落ち着きません。必ずこの順序を守るようにしましょう。空いている片方の手は、馬に人の居場所を伝える意味でも、必ず馬と接触せるようにするのがポイントです。

ココをマスター

騎乗前・後に行うブラッシングの正しい方法を覚える。

できるポイントを徹底チェック！

ブラッシングの順序を守りながら丁寧に進めていくことが大切。ここでのポイントは、ブラシを持たない左手の使い方。スペースを確保したり、馬の顔を遠ざけたり、馬に自分の居場所を伝えたりとさまざまな役割を担います。

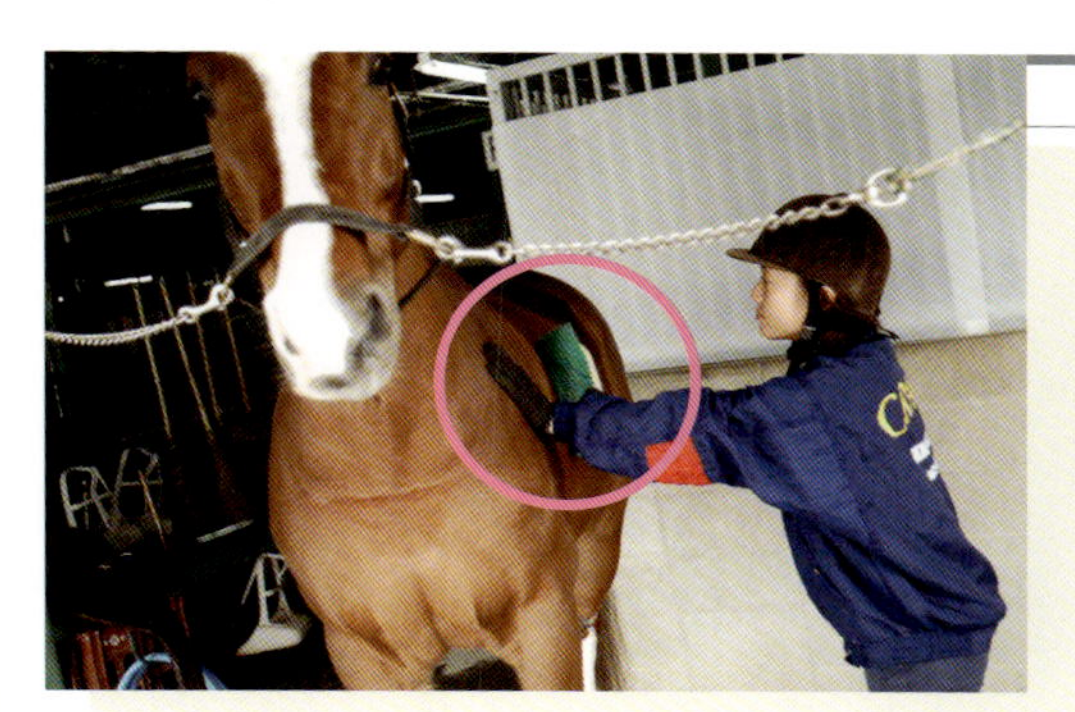

POINT. 1

ブラシをかける前に背中の部分を押してスペースを作る。

ブラッシングを行う前には、馬の背中を押してしっかりと作業を行うためのスペースを確保するようにしましょう。必要以上に馬と接近すると、ブラッシング中に自分の足を踏まれる恐れもあります。反対側をブラッシングする際も、同じようにスペースを作るのがコツです。

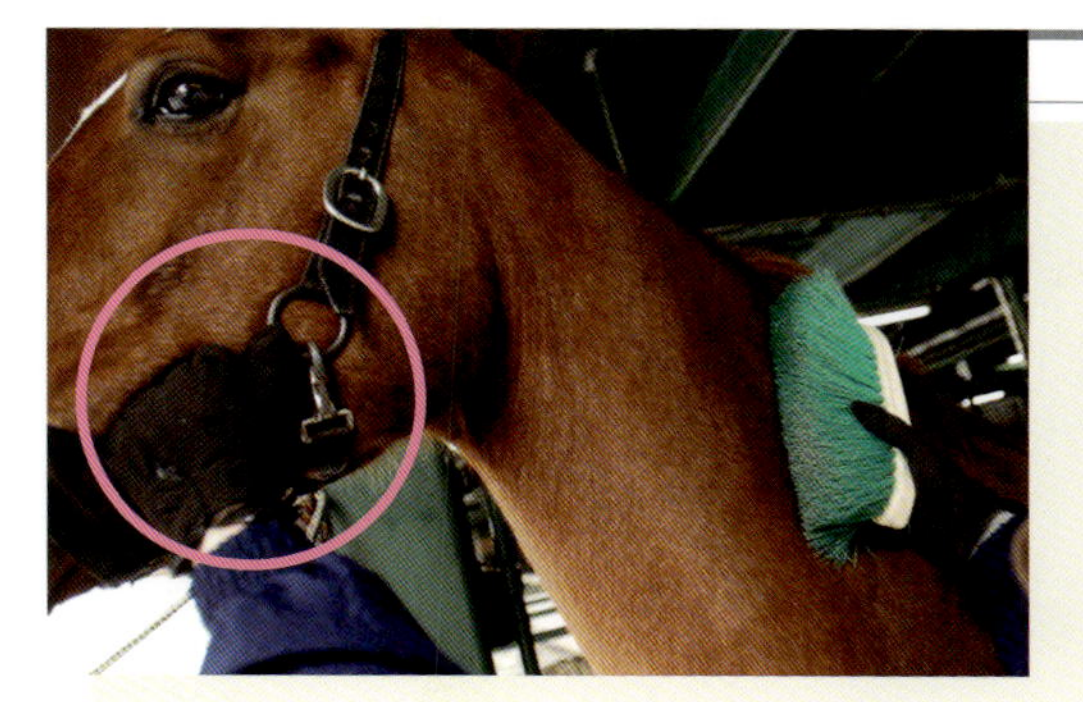

POINT. 2

左手をうまく使い馬の顔の動きを押さえておく。

ブラッシングの最中には、馬が遊んできたり、ブラシを嫌がって噛みつこうするケースもあります。ですので、頸や肩のブラッシングを行うときには、左手で曳き手や無口頭絡を掴み、馬の顔を押してこちらに来ないように押さえておくと、スムーズにブラッシングを行えます。

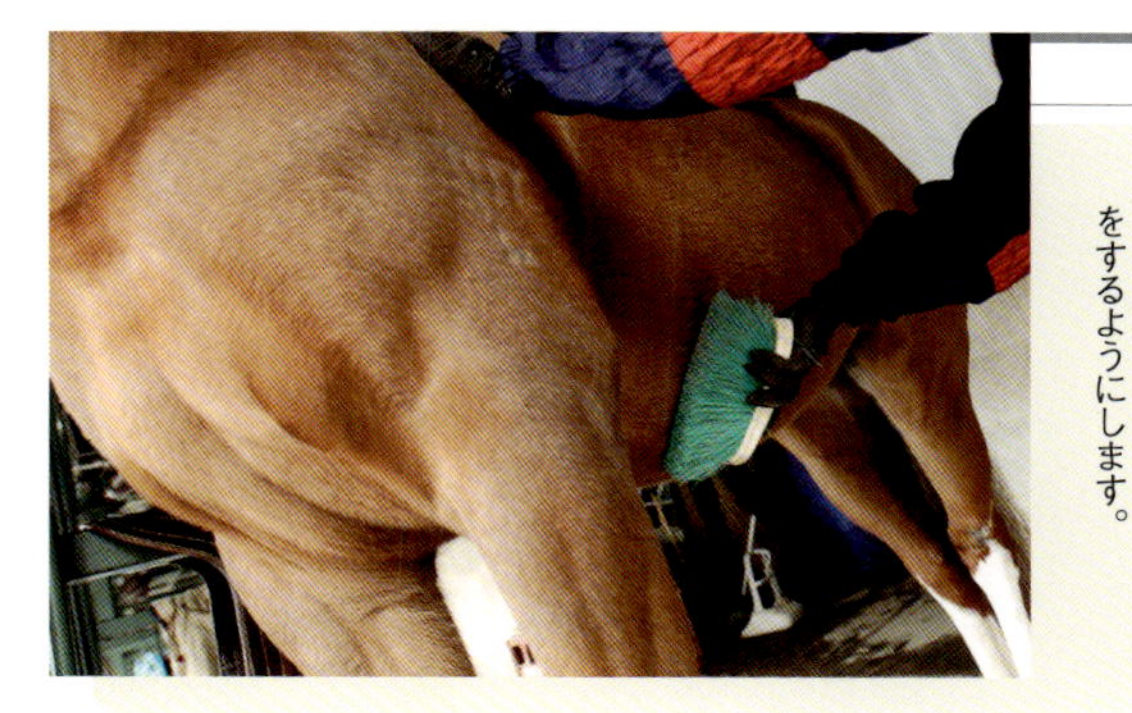

POINT. 3

敏感な部分はブラシの使い方に特に注意を払う。

腹や肢の付け根などは、馬にとって非常に敏感で嫌がる部分になりますので、特に丁寧にブラッシングすることを心掛けましょう。必ず左手は馬体を触るようにし、しっかりと馬に自分の居場所を伝えながら、ブラシを十分に寝かせてブラッシングをするようにします。

上達のポイント

NO. 6

蹄の手入れするために肢を持ち上げる時は、

高い位置で蹄を抱え込むように持つ。

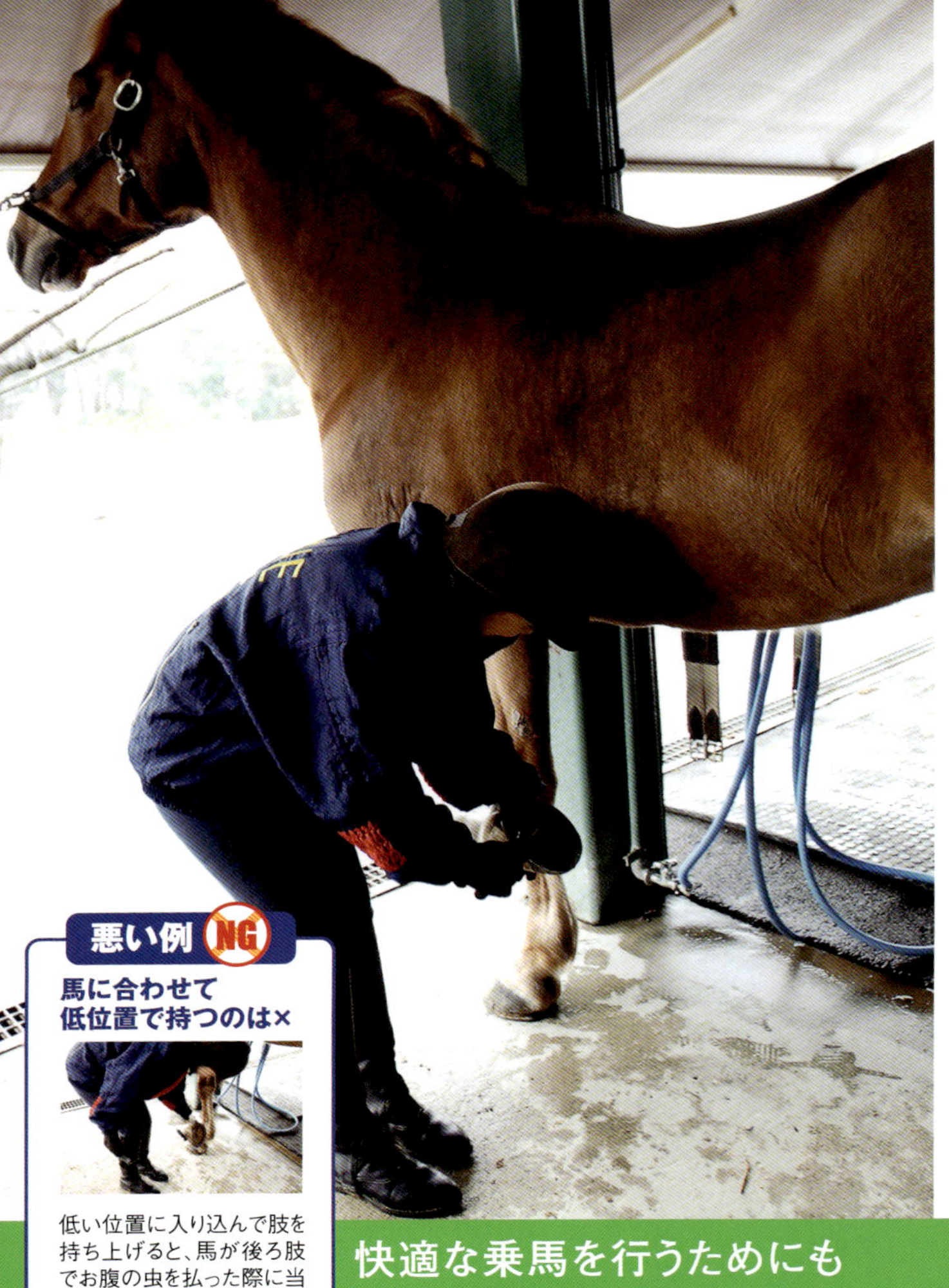

悪い例 NG

馬に合わせて低位置で持つのは×

低い位置に入り込んで肢を持ち上げると、馬が後ろ肢でお腹の虫を払った際に当たる可能性があり危険です。

快適な乗馬を行うためにも日頃からこまめに蹄の確認を。

馬が走るためには、蹄が健康な状態に保たれていることが大切です。手入れを疎かにしたり、ほったらかしにしていると、蹄にひびが入り、馬は元気に走れないばかりか、悪化すれば、2～3ヵ月運動できなくなることさえあります。ですから、乗馬を楽しむ前には、必ず馬の蹄をチェックし、常に健康な状態でいられるようにしてあげることが重要です。馬に乗る前には、肢を持ち上げて蹄の点検を行います。裏側に泥やボロなどが付着しているようなら、鉄爪などの道具を使ってかき出してあげるようにします。**まずはぐるっと周りをかき、その後、V字型にできた溝を掘るように**していきます。

ココをマスター

蹄を手入れする際に、肢を上げる時のポイントをマスター。

ステップ1
ステップ2
ステップ3

肢の持ち上げ方・蹄の手入れのコツ

できるポイントを徹底チェック！

蹄を手入れする際、馬によっては手こずることのある肢の持ち上げ。ここでは簡単に馬の肢を持ち上げるポイントを解説。蹄を持つときの注意点などもチェックして、日常の手入れをスムーズに行えるようにします。

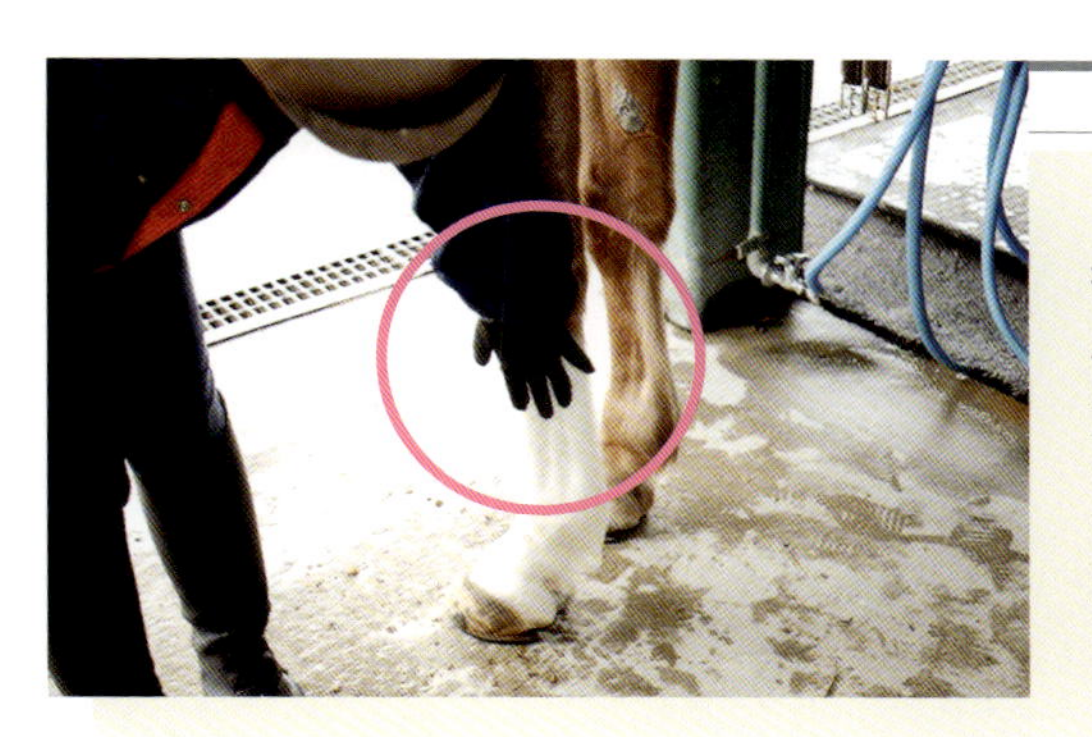

POINT. 1

肢を上げる時は軽く肢に触って合図を与える。

馬の蹄の裏を確認・手入れする際には、軽く馬の肢に触ったり、ぽんぽんと軽く手のひらで叩いて合図を送ると、馬が自分でスッと肢を上げます。反応しない場合は、馬の肩を自分の肩で押してやるようにすると、反対側の肢に馬の重心が移るため、肢を持ち上げやすくなります。

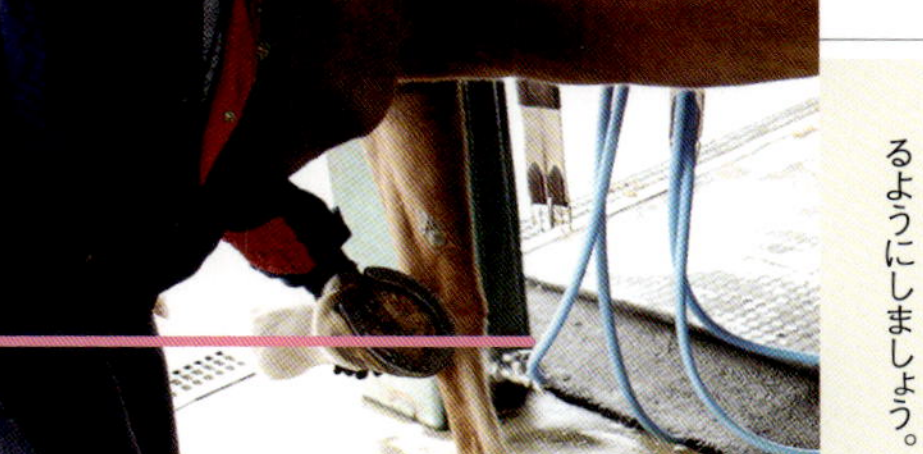

POINT. 2

肢を固定する時は蹄を大きく抱え込むように。

馬が上げた肢を持つときには、蹄を大きく抱え込むようにします。このとき、あまり低い位置で持っていると、馬がすぐに肢を下ろそうとします。馬が上げた肢の高さに合わせるのではなく、自分の腰下ぐらいの位置まで高くあげ、しっかりと持ち上げるようにしましょう。

POINT. 3

後肢も前肢と同じく大きく抱え込む。

後肢を掃除する際も、前肢と同じように合図を送り、馬が肢を浮かせたら、蹄を抱えるようにして持ちます。このとき、馬が肢を振るようなら、力を抜いて肢の動きについていくか、それでも持ち続けるのが難しいほど振るようなら、一旦離れて肢を下ろすようにしましょう。

上達のポイント NO.7

鞍を乗せる時には、ゼッケンの置き方

腹帯の締め具合、腹帯の位置がポイントに。

悪い例 NG

バランスの悪い持ち方に注意。

鞍を乗せる時は、膝当てやあおり革の端を持つのではなく、前橋・後橋付近を持つようにしましょう。

馬の背中のき甲を目安に、正しい位置に乗せるのが重要。

鞍には鐙や腹帯が付いており、騎手が馬に指示を与えやすくしたり、馬体を保護する役割を持っています。鞍を装着する際には、汗とりとクッションの役割を担うゼッケンを一緒に乗せていきます。

ゼッケンを乗せるときには、まず前後の確認を行います。そして、馬の背中にあるき甲を目安に、**たてがみが生えている部分に少しかぶる程度でゼッケンを乗せていきます**。このとき、ゼッケンの真ん中が馬の背骨に沿うようにしていきましょう。ゼッケンを乗せた後、鞍を乗せていきます。鞍を乗せる際には、鞍の前方部分を左手、後方部分を右手で掴み、ゆっくりと下ろしていくようにします。

ココをマスター

鞍やゼッケンの正しい乗せ方、腹帯の締め方をマスター。

できるポイントを徹底チェック！

鞍を乗せる時には、正しい位置をキチンと把握しておくことが重要です。鞍の下に乗せるゼッケンの状態、また、鞍を乗せる位置、腹帯の締め具合や位置をチェックしながら、馬のケガを防ぐような乗せ方をすることが必要です。

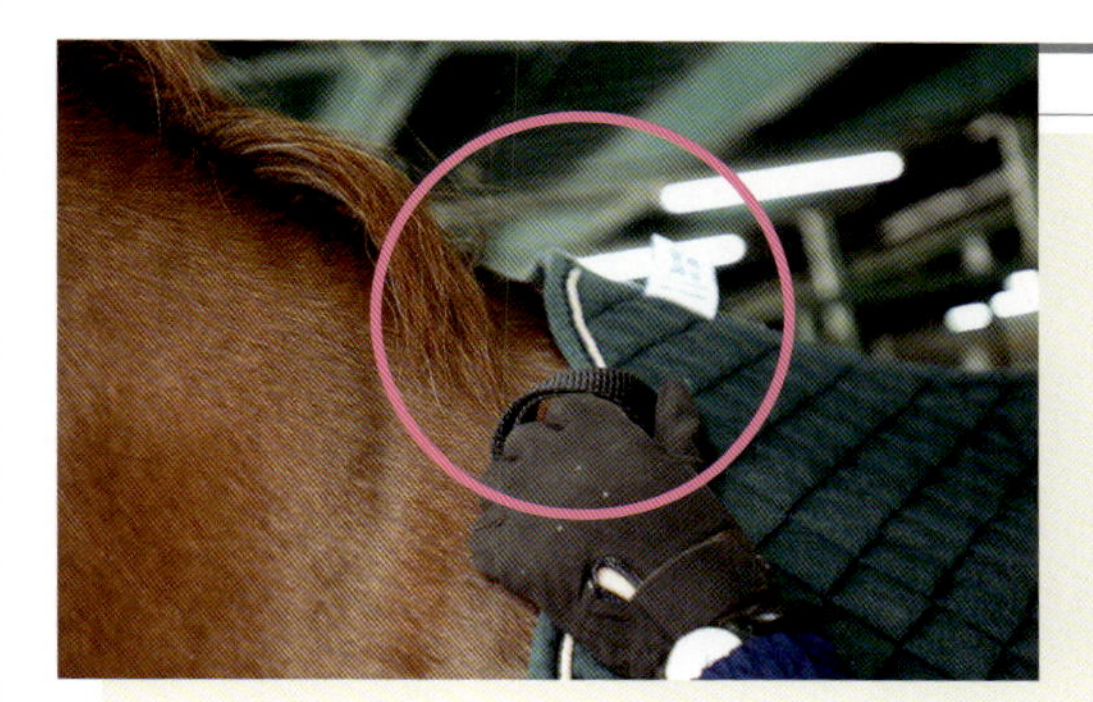

POINT. 1

ゼッケンは馬のき甲を目安にして置く。

ゼッケンを置く時は、馬の背中のき甲を目安に、たてがみが少し隠れる程度に置いていきます。鞍を乗せた後には、馬のき甲にできる鞍傷（あんしょう）を防ぐため、ゼッケンを少し鞍の前方へと引き上げ、隙間を空けるようにするのがポイントになります。

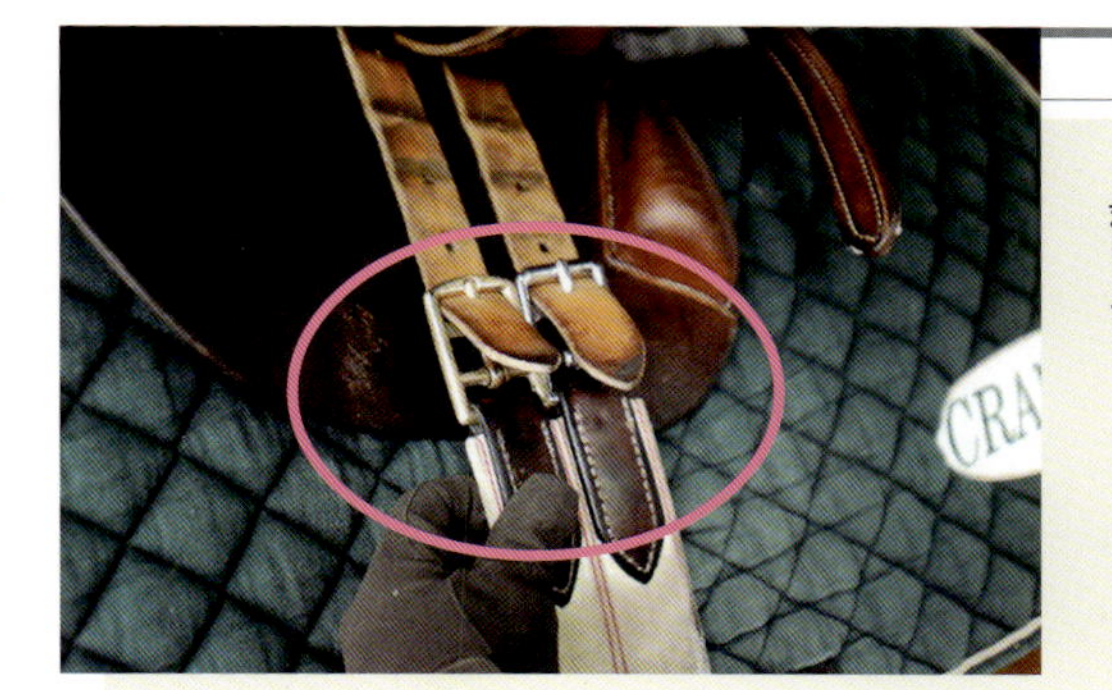

POINT. 2

腹帯を締める時は3本あるうちの両端2本を使う。

鞍を乗せた後は、腹帯を使って鞍を固定していきます。あおり革をめくると託革（たつかく）が現れますので、3本あるうちの1本目と3本目を使って留めていきます。腹帯を嫌がる馬もいますので、最初は一番緩い状態にしておき、一つずつ締めていくようにしましょう。

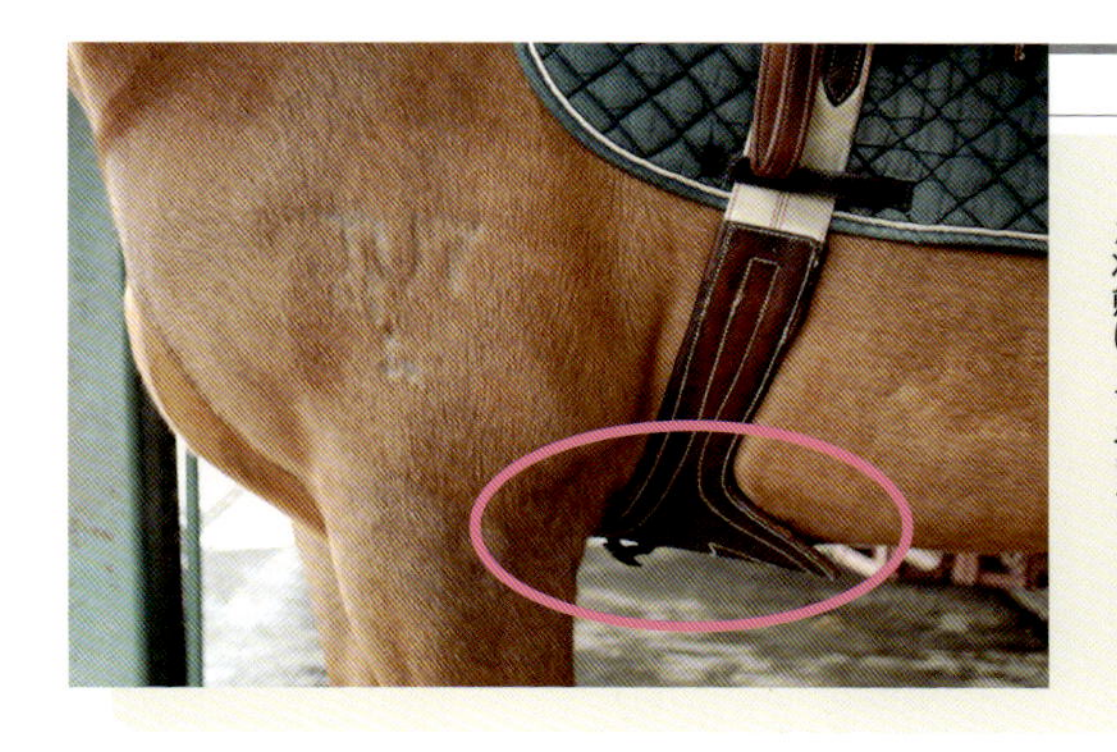

POINT. 3

腹帯の位置は馬の脇から拳一個分が目安。

腹帯が通る位置は、帯径を目安にするのが基本ですが、馬によっては分かりづらいことも。そんな時は、馬の脇から拳一個分ぐらいの間隔をあけるようにするとちょうどいい位置に収まります。また、腹帯の締め具合は、間に指が入る程度のゆったりした状態にしておきましょう。

上達のポイント

NO. 8

馬を不安にさせないように手綱は横から。

口を開かないときは口角に親指を入れて。

悪い例 NG

手綱を正面から掛けるのはダメ。

手綱を首に掛ける時には、正面から投げるようにするのは禁物。馬の横に立って優しく掛けてあげましょう。

まずは手綱を掛けてから。
喉革は拳一個分の余裕を。

ココをマスター

正しくスムーズに水勒を付けるポイントを覚える。

水勒（すいろく）を付ける時には、まず手綱を頸にかけます。これにより、馬が顔をそむけても手綱を使って引き寄せることができます。手綱をかけ終わったら、無口頭絡を外し、水勒を掛けていきます。右手で馬の顔を抱え、水勒の額部分を掴みます。左手ではみを口元へ持っていき、**馬が素直にかまない場合には口角へ親指を入れて、口を開かせるようにします。**はみが口の中に入ったら、右手を上にあげていき、両手に分けて、耳を片方ずつ前に倒すようにして入れていきます。その後、喉革（のどがわ）は拳一個分程度の余裕を持たせる程度に、また、鼻革はきつくない程度にしっかりと締めていきましょう。

できるポイントを徹底チェック！

水勒を付けるときは無口頭絡を外さないといけないため、できるだけ早くつけようとあせって作業しがちです。ただ、手順をしっかり押さえておかないと余計に手間取ってしまうだけ。順序を覚えてスムーズに行いましょう。

POINT. 1

手綱を掛ける時は前からではなく横から掛ける。

最初に手綱をかける時には、馬の顔の前から手綱を掛けようとすると、馬は真正面が見えにくいために、顔を上げて嫌がることがあります。曳き馬の時と同様、馬の左側に立つようにし、馬を驚かせないようにゆっくりと手綱を掛けていくのがポイントです。

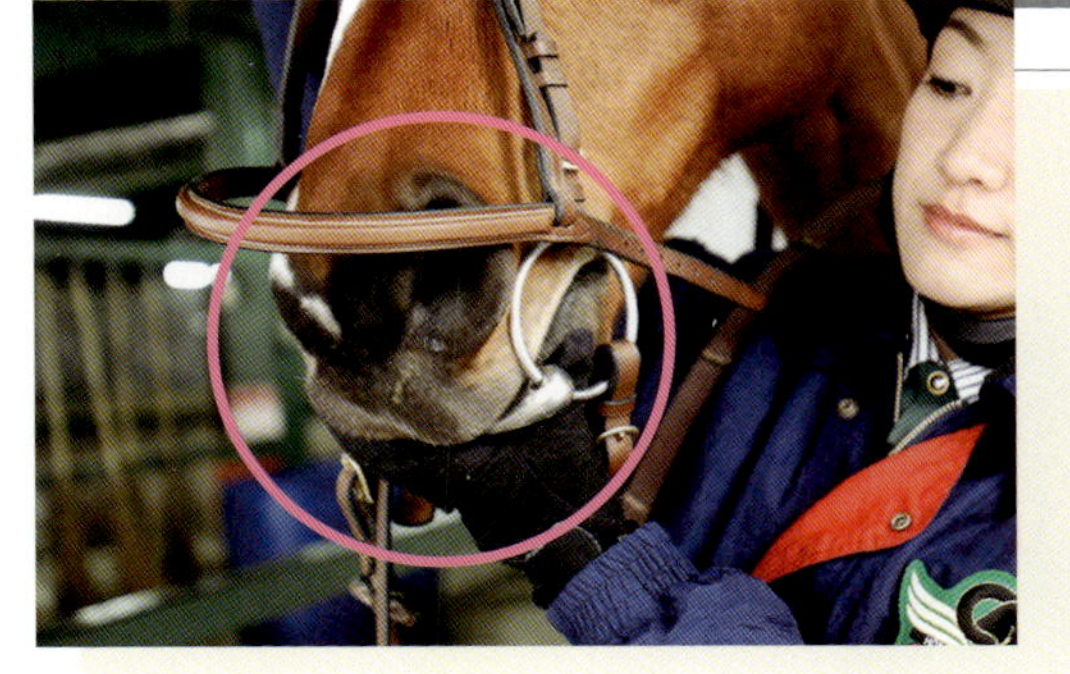

POINT. 2

自然にかまない時は口角に親指を入れて口を開かせる。

基本的には左手で口元にはみを持っていくと、素直に噛んでくれることが多いですが、はみがなかなか口に入らない時は、口角に親指を入れて口を開かせるようにします。最初は怖いかもしれませんが、馬の歯は口角部分にはありませんので、かまれる心配はありません。

POINT. 3

頭を通すときは耳を片方ずつ前に倒しながら。

水勒をあわてて付けようとするあまり、頭を通す際に両耳を一度に入れてしまおうとする人がいますが、片方ずつ順番に耳を入れていくのが正しいやり方になります。耳を通す時は、耳を片方ずつ手で押さえるようにして前に倒しながら入れていくとスムーズです。

上達のポイント NO. 9

拍車の余り部分は内側→外側へ。

踵部分が下がっているかどうかも確認を。

紐の部分の余りの方向と踵部分が正しいかを確認。

悪い例 NG

踵の部分が上 余りが内側は×

写真のようなつけ方は、上下が逆になった状態。ポイントを参考に正しいつけ方を確認しておきましょう。

ブーツの踵部分に取り付ける拍車は、騎手の合図を馬に伝える手助けをしてくれる道具です。脚での推進が弱い場合には、この拍車を使うことで、馬に無理なく意思を伝えることができます。ただ、ブーツから外してしまうと、上下左右の見分けが付きにくいので、しっかりと正しい取り付け方、位置を確認しておく必要があります。拍車を付けるときには、まず**足の裏の土踏まずの部分に紐をかけ、踵部分の金具が下を向くように取り付け、足の甲の部分でフックを留めます**。このとき、余った紐の部分が外側に来るように注意しましょう。

ココをマスター

拍車の正しいつけ方、注意すべきポイントを確認する。

できるポイントを徹底チェック！

拍車を付ける時は、左右の確認をしっかりしておくことがポイント。騎乗後につけ間違いに気づくといったことがないように、馬装の点検などと合わせて、必ずチェックしておくように習慣づけておきましょう。

POINT. 1

脚の内側から外側へと余りがのびるように。

拍車を付けるときには、左右が間違っていないかどうか確認することがポイントです。最後にフックをかけるとき、余った分の紐が、足の内側から外側にかけて伸びていれば正しいつけ方です。間違えると、余った紐が馬の腹に当たることになるので、きちんと確認しておきましょう。

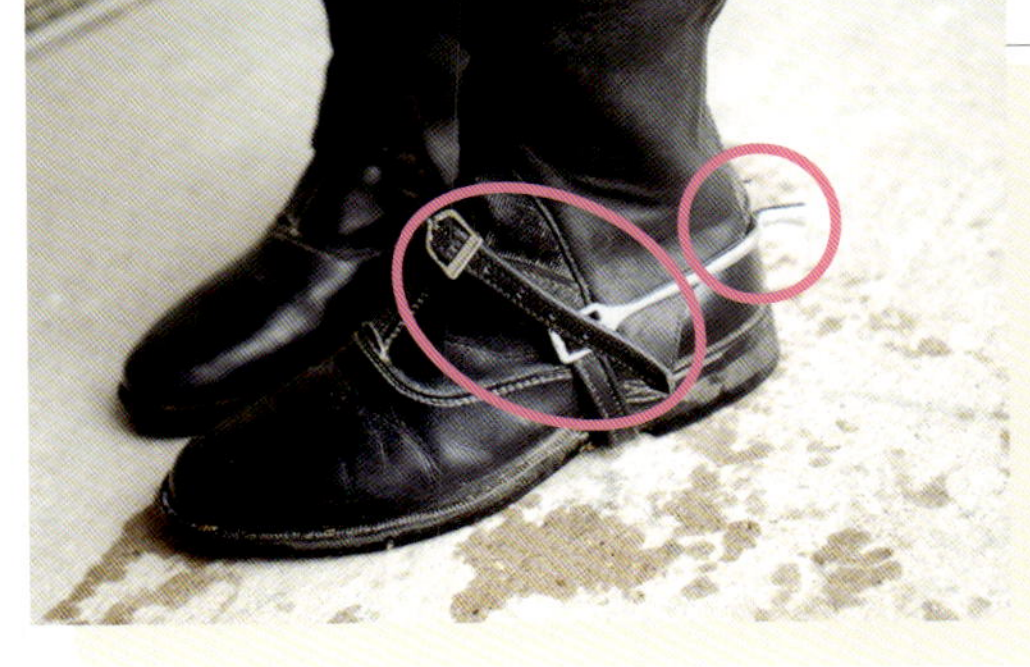

POINT. 2

拍車の金具が逆さでないかをチェックする。

紐の部分の左右と同じように、金具部分が上下逆にならないように注意することも大切です。拍車の金具の先端を見ると、尖った部分が少し地面を向いている状態が正しいつけ方です。上にあがっているような状態だと間違いなので、最後にチェックしておくようにしましょう。

POINT. 3

余った綱が内側に来るときは間違い。

写真のように、フックに掛けた後の余り部分が内側に来ているときは、間違った拍車のつけ方をしている証拠。すぐに外して正しいつけ方に直すようにしましょう。脚は馬のお腹を刺激する場所になるので、ブーツにつけた後にもちゃんと確認する癖をつけておきましょう。

上達のポイント

NO. 10

グリップの中央を手綱と一緒に持ち、

馬の視界に入らない位置でキープを。

グリップを持つ正しい位置を確認し、鞭の長さなどをチェックする。

鞭は、馬を発進させたり、スピードを上げたりしたいときに使う道具です。脚の代用、または脚と併用して使われます。鞭は手綱と一緒に持ちますが、このとき、鞭の位置をあまりぶらつかせたり、高い位置に持ってきてしまうと、驚いて自分が意図しないときに馬が反応してしまいます。特に軽速歩などを行う際には、上下の運動に気を取られがちですので注意が必要です。**自分の腰から太ももあたりの横を目安に、動かないように自然に持っておくことがポイント**。極端に短くしたり、長くしたりすることなく、グリップ部分の中央を持っておくようにしましょう。

ココをマスター

正しい鞭の握り方、構え方のポイントをマスターする。

できるポイントを徹底チェック！

脚による扶助で反応が鈍い時などに使う鞭。馬が敏感に反応する道具なだけに、乗馬時の持ち方などはしっかり確認しておきたいところです。グリップ部分の位置、構える位置などに注意しておきましょう。

POINT. 1

鞭を持つ手はグリップ部分の中央付近に。

正しい位置は写真の通り。グリップの中央部分を持って、騎乗後の運動時に上下左右になるべく動かないような持ち方をしておきましょう。手綱を持つ時と同じように、あまり強く握り締めてしまうと、肩や肘にまで余計な力が入って、運動の時に鞭が上下に動きやすくなります。

POINT. 2

適度な長さを保って持つのがポイント。

写真の位置では持つ位置が短すぎます。あまり短い位置を持っていると、手から滑って落下してしまったり、グリップ部分が体や馬装などにあたり、使いたいときにうまく利用できないということにもつながります。グリップの中央を目安に握り直しましょう。

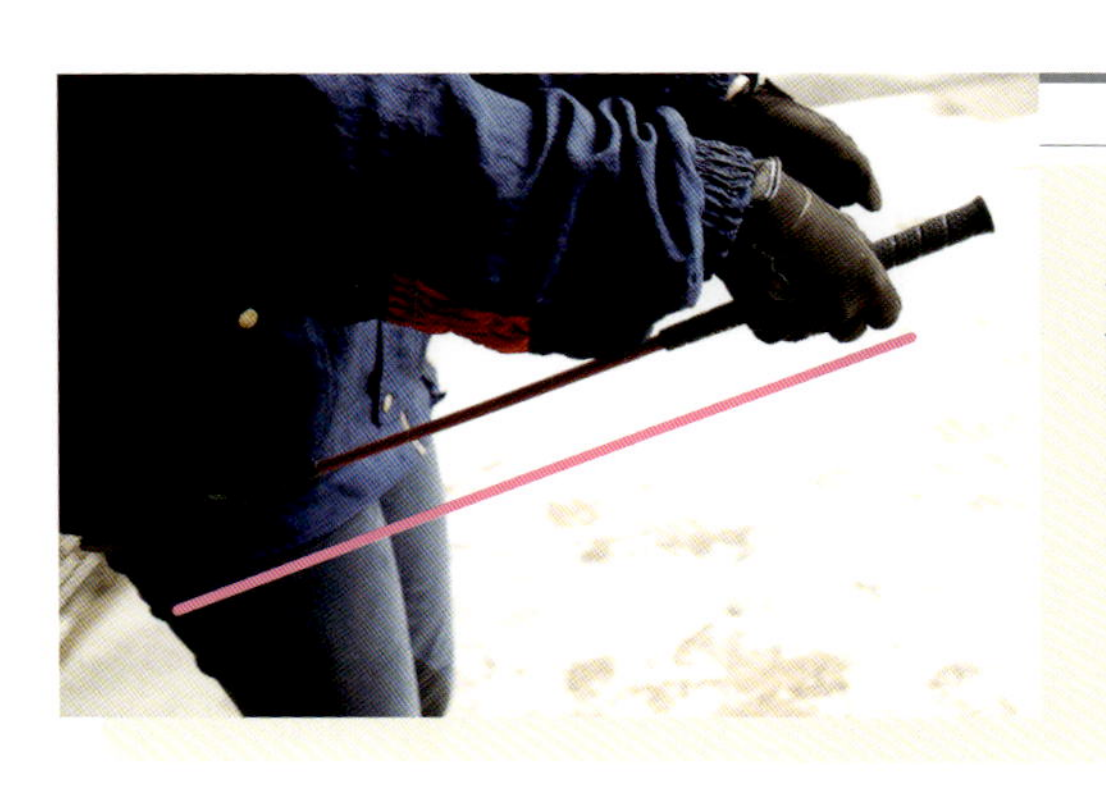

POINT. 3

鞭を構えるのは自分の腰から太ももあたりで。

鞭の先端を後方に引いて、馬の視界の邪魔にならないような位置に構えます。あまり鞭の先端を下げてしまうと、馬の腹などに不用意に当たってしまう可能性も。鞭を意味なくちらつかせて怖がらせないためにも、後ろに引くような格好で持つようにしておきましょう。

上達のポイント NO.11

鐙の長さを調整するときは、

手の長さを基準にして考える。

自分に合った鐙の長さに調整し、
腹帯を締めて馬場に向かう準備が完了。

乗馬の前には、鐙を鞍の上から下ろし、乗る際に必要な長さに調整しておくようにします。そのままの長さで乗れる場合には、**手の指先から脇にかけての長さを目安に**調整していきます。長さを伸ばすときは、鐙革の上2本を、上から下へと引き出し、金具を取り外すようにします。このとき、上の穴に合わせていくと短く、下の穴に合わせていくと長くなります。そして、鐙革を元に戻す前に、もう一度手に合わせて長さを確認し、金具をカチッと音がなるところまで上げておくようにします。また、馬場に向かう前には、ゼッケンや鞍がずれない程度にあらかじめ腹帯を締めておきます。

ココをマスター

乗馬の前に鐙の長さをきちんと調整しておく。

できるポイントを徹底チェック！

鐙の長さを調整することは、スムーズに乗馬できるだけでなく、運動が始まった後の姿勢やバランスを保つためにも重要になります。あらかじめ手順をマスターし、自分にぴったりの長さにすぐ調整できるように心がけましょう。

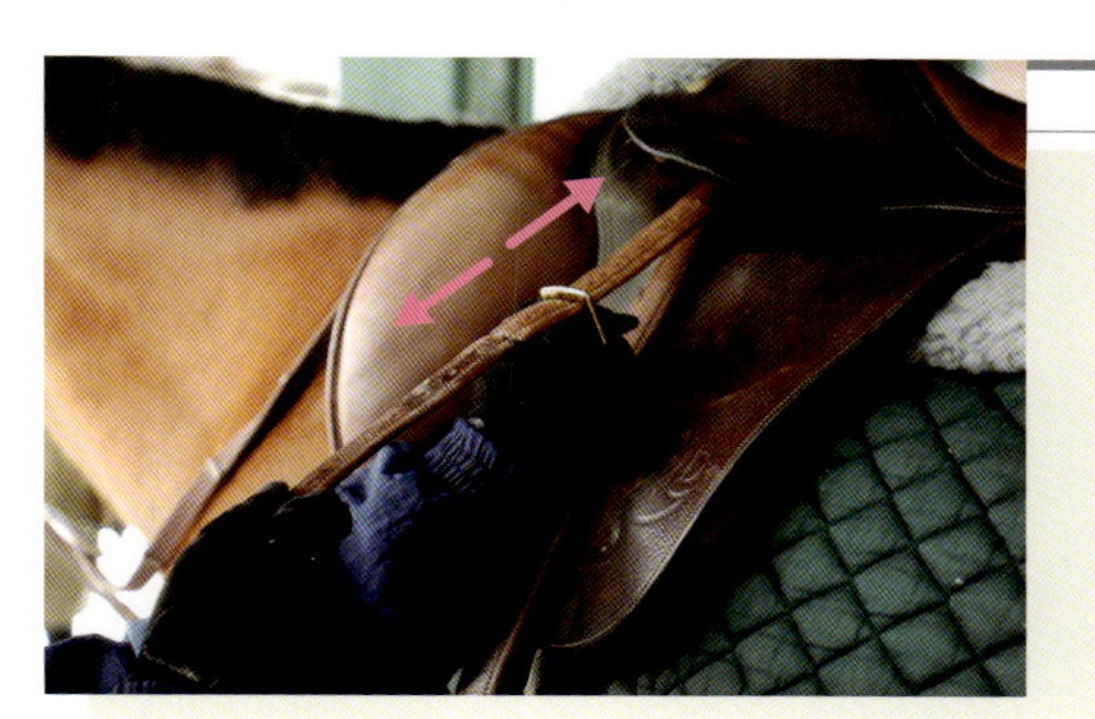

POINT. 1

上の穴は短く下の穴は長くと覚える。

鐙革の長さを調整するときには、上にずらすと長さが短く、下にずらすと長くなります。金具のフックを外したら、写真のように両手を使い、金具を滑らせるようにして穴を移動させていくとスムーズに位置を変えることができます。

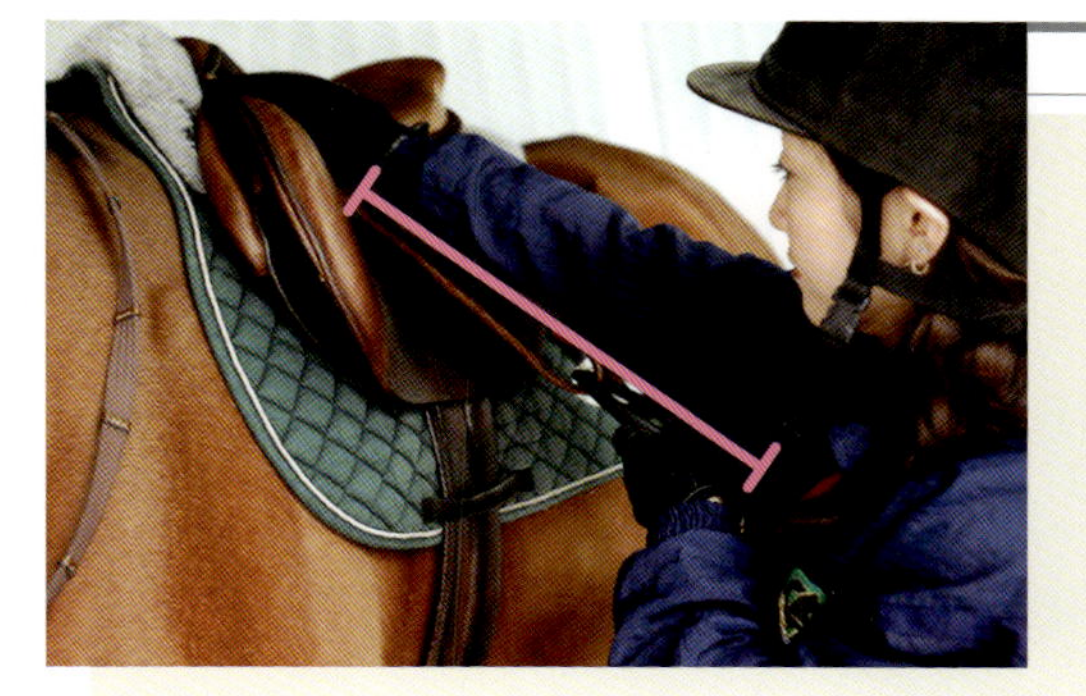

POINT. 2

鐙の長さは手の長さを基準にして考える。

鐙のちょうどいい長さは人それぞれ個人差があります。基本的には手の長さを基準に合わせれば問題ありませんが、もしあわないようでしたら、練習などを終えた際に、自分の鐙が何番目の穴の長さなのかを確認しておくと、その後の調整も楽にできるので便利です。

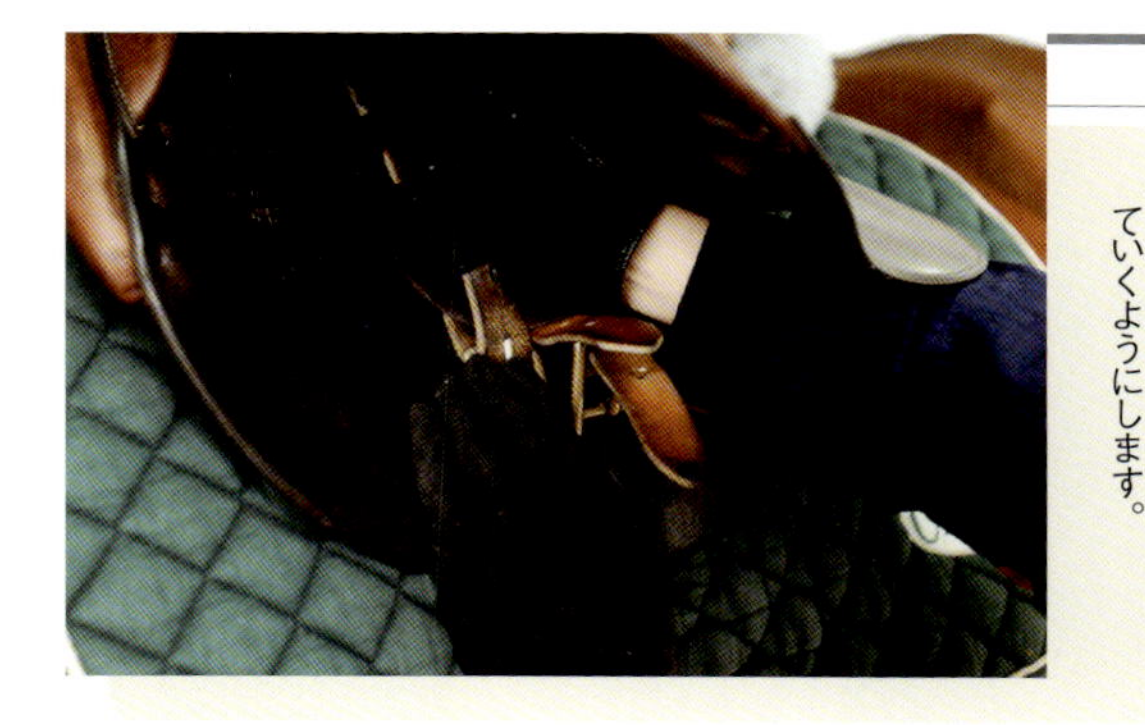

POINT. 3

馬場に向かう前に鞍がずれない程度に腹帯を絞めておく。

曳き馬で馬場に向かう際、あまりに腹帯が緩いと鞍の位置がずれてしまいます。乗馬前に腹帯は再度締めていきますが、あらかじめ軽く締めておくようにします。その時は、一気に締め上げると馬に余計な負担を与えるので、一つずつ順番に穴を進めていくようにします。

上達のポイント

NO. 12

馬の左側に立ち、右足で

鞍を大きくまたぐようにして乗る。

左手は手綱をしっかりと持ち、
右手で鞍を持ちながら足を上げる。

乗馬の際には、まず手綱をゆっくり馬の頸にかけていきます。また、両側の鐙を鞍から下ろし、補助用の台を前肢の横あたりに置くようにします。次に、手綱をたてがみと一緒に掴み、台に乗り、右手で鐙を持って左足を掛けていきます。左足を鐙にかけ終えたら、**右手を鞍の後橋の部分に乗せ、一度左足で立ち上がるようにしてから**、右足で鞍を大きくまたぐようにしていきます。この時、馬のお尻に足が当たらないように注意しましょう。馬に乗ることができたら、膝を上にあげるような形で足をあげ、腹帯を締めていきます。あおり革をめくり、人指し指が下に向くようにし、上へと引き上げて金具を留めます。

ココをマスター

スムーズな乗馬や、そのポイントをマスターする。

できるポイントを徹底チェック！

馬に負担をかけないようにスムーズに騎乗することが大切になります。乗馬する際に、リラックスして一連の動作を行えるよう、手の置き方、足の運び方などを見ながら、基本的な動きをイメージしておくようにしましょう。

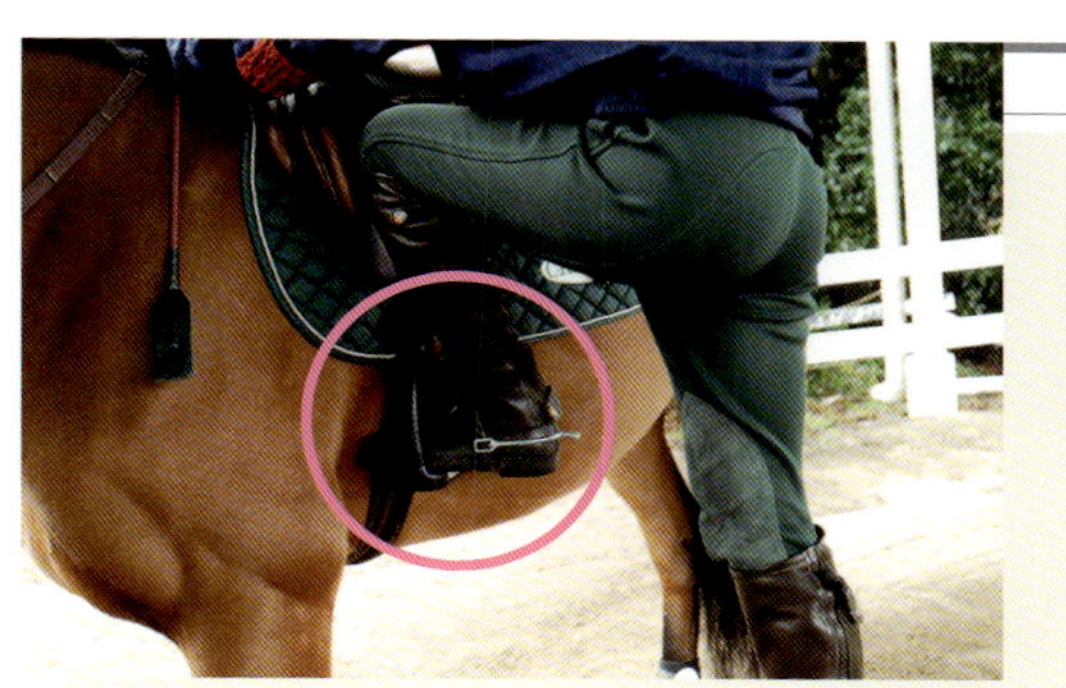

POINT. 1

まずは左足を鐙に掛けて勢いよく立つ。

まずは台などを使って鐙に左足を掛けていきます。その後、左足を軸にして鐙の上に立ち上がりますが、台を使ってもすんなり立ち上がれない高さになるようでしたら、最初は鐙を長めに調整しておくと、足をかけやすくなり、比較的簡単に乗ることができます。

POINT. 2

左手は手綱を右手は鞍の後橋に持ってくる。

右手、左手の位置を確認しておくことも大切なポイントになります。左手は手綱を放さないようにたてがみを持ち、右手は鞍の後橋を持つようにして立ちあがります。この際、手綱はあらかじめ短めの位置で束ねておき、ブラブラしないように注意しましょう。

POINT. 3

右手を前橋に移動し右足を上げて鞍をまたぐように。

左足で鐙に立ち上がったら、右手を鞍の前橋へと移動させ、右足をあげて鞍をまたいでいきます。このとき、注意して足を上げないと、馬のお尻に足が当たりかねません。しっかりと股関節を開き、大きくまたぐように心がけましょう。

下馬は乗る時と逆の動作を行い、

最後は静かに下りるように心がける。

右足を大きく上げてまたぎ、
鞍にお腹をつけて左足の鐙を外す。

レッスンが終了して下馬する際には、まず軽く手綱を張るように短めに持ちかえ、左手で束ねたてがみと一緒に掴みます。右足を鐙から外し、右手を鞍の前に置いて、立ち上がるようにして右足を大きく上げてまたいでいきます。そして、左足の鐙に立ち上がるようにし、次に鞍にお腹をつけ、**体重を預けておいて左足の鐙を外し、ゆっくりと下りていきます**。このとき、不用意に勢いよく着地すると、その音で馬が驚いてしまうことがありますので注意しましょう。また、地面に降りてからも手綱はしっかりと自分で持つように。そうしないと、馬が勝手に動き出してしまうことがあり危険です。

ココをマスター

スムーズな下馬の仕方・ポイントなどを確認する。

できるポイントを徹底チェック！

乗馬と同じく、あらかじめ手の動き、足の運び方などを覚えておくと、レッスン後の下馬をスムーズに行えるのでしっかりと頭に入れておきましょう。飛び下りるように着地するのではなく、ゆっくりと着地する感覚が大切です。

POINT. 1

はじめに右足の鐙を外し手綱の長さを調整。

下馬を行う前に、手綱の長さを確認しておくことが大切。馬が物音などに驚いて急に動き出すことも考えられますので、少し短めに持ち、左手でたてがみと一緒に掴んでおきます。そして、右足を鐙から外し、鞍を大きくまたぐようにして馬の左側に持っていきます。

POINT. 2

右足を大きく上げてお尻に当たらないように気を付ける。

左足の鐙に体重を乗せ、右足で鞍をまたぐように降りていきます。このとき、乗馬と同じように馬のお尻に右足がぶつかってしまわないように注意しましょう。右手を鞍の前橋に置きながら体を支えてバランスを取り、大きくまたぐように心がけます。

POINT. 3

鞍にお腹をつけ左足の鐙を外して静かに下りる。

馬の左側に体を移動させたら、自分のお腹を鞍につけ、体重を預けるようにして左足の鐙を外していきます。そして、両足をそろえるように姿勢を保ち、必要以上の音を立てないよう、静かに下りていきましょう。下馬した後は、鐙を鞍の上に乗せるようにします。

COLUMN 1

馬の習性を知る

乗馬では馬を知ることが大切です。その性格や特性をきちんと理解して、馬との正しい接し方を心がけるようにしましょう。

聴覚が発達しており繊細で集団行動を好む

草食動物である馬は、ほかの動物たちがそうであるのと同様に、外敵から身を守るために、とても臆病で繊細な性格を持っています。とくに馬は聴覚が優れているのが特徴で、少しの物音や話し声でもびっくりすることが多いです。音の方にビクリと耳の向きを変えるシーンを見かけると思いますが、それは馬が音に敏感に反応している証拠です。

また、馬は自己防衛本能が強く、仲間と一緒にいる時には、同じ行動をとろうとします。乗馬を行うときには、部班と呼ぶ、複数馬でのレッスンをよく行いますが、これも馬の集団性をうまく利用したトレーニング方法です。

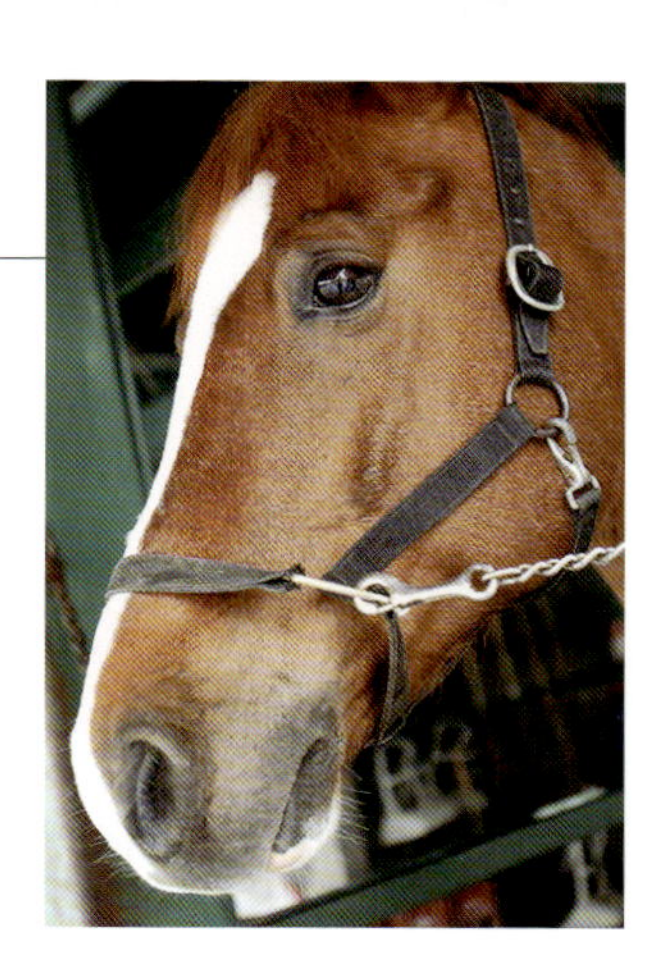

1 Horse's habit
馬の表情から その気持ちを理解する

馬は落ち着いてリラックスしている状態のときは、自然と穏やかな表情を浮かべます。臆病な生き物だけに、記憶力も高く、優しく接してくれる人、世話をしてくれる人などを覚えています。普段から馬とのコミュニケーションをとるようにすれば、より深い信頼関係を築くことができ、乗馬上達の近道にもなることでしょう。

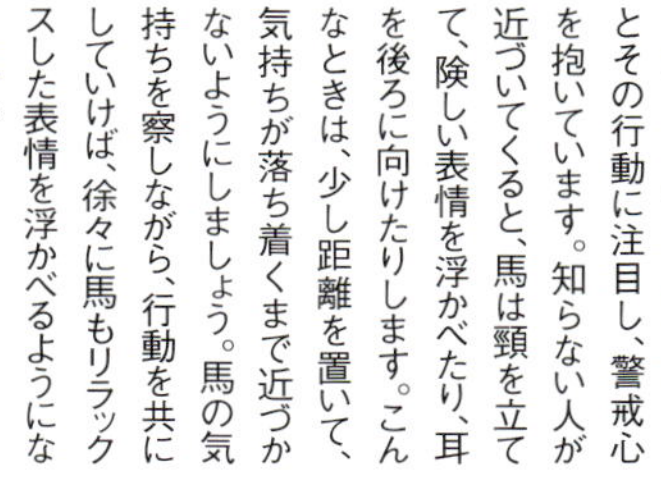

2 Horse's habit
知らないものや人には 警戒心が顔に現れる

馬は人に慣れるまでは、ずっとその行動に注目し、警戒心を抱いています。知らない人が近づいてくると、馬は頸を立てて、険しい表情を浮かべたり、耳を後ろに向けたりします。こんなときは、少し距離を置いて、気持ちが落ち着くまで近づかないようにしましょう。馬の気持ちを察しながら、行動を共にしていけば、徐々に馬もリラックスした表情を浮かべるようになります。

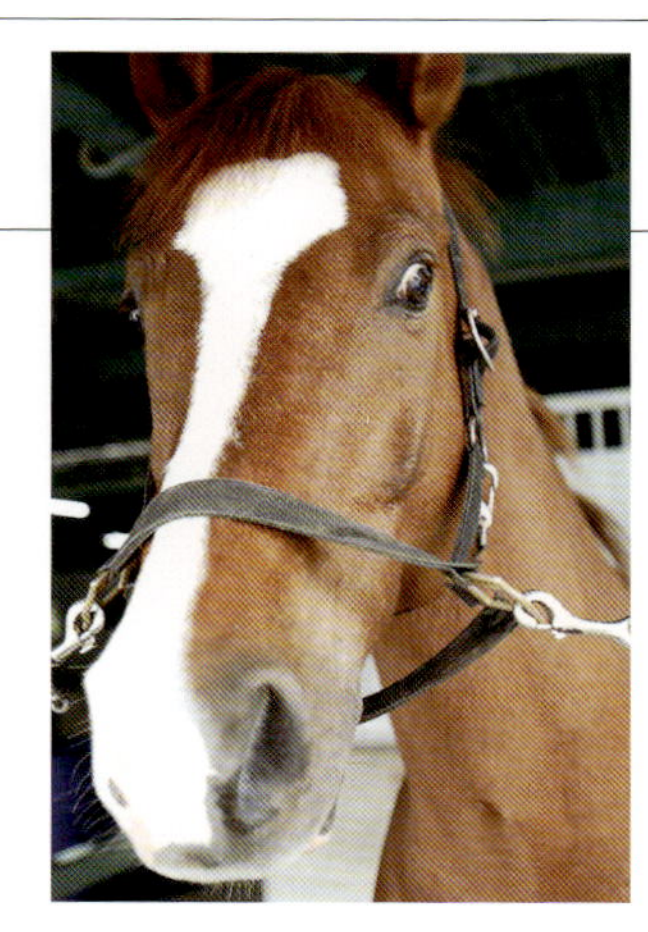

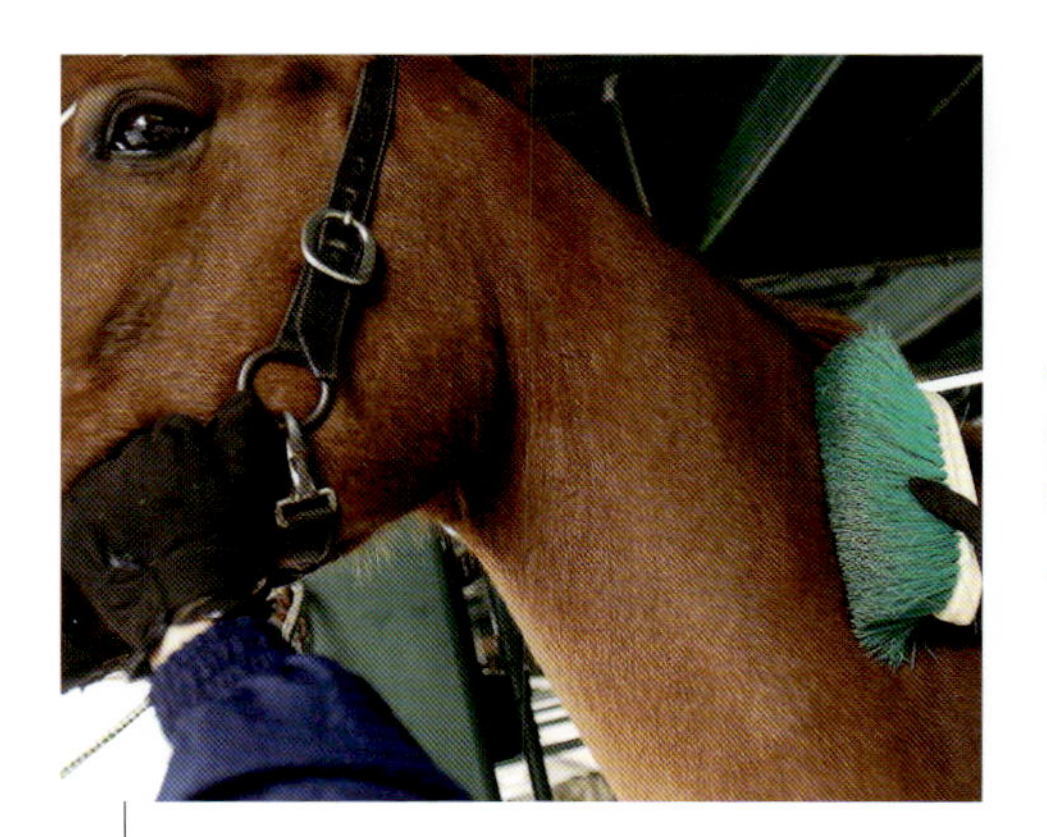

3 Horse's habit
健康を保つためにも 馬は常に清潔な状態に

馬はとてもきれい好きで、自ら清潔な状態を保つため、草むらや砂場に寝転がったり、体をこすりつけて汚れを落としたりします。健康な馬を見ると、皮膚に張りがあり、とても艶やかな毛並みをしています。体を洗ったり、こまめにブラッシングをしてあげるととても喜びます。馬の健康状態を保つため、良好な関係を築くためにも、常にきれいな状態を作ってあげるようにしましょう。

COLUMN 2

乗馬を楽しむためのマナー

乗馬は、動物との一体感を大切にし、マナーを重んじる紳士・淑女のスポーツです。守るべきルールを順守し、お互いが気持ちよく楽しめるように心がけましょう。

決められたルールを守りお互い楽しくレッスンを

乗馬というスポーツが、他の競技や運動と大きく異なるのは、「自分一人の力ではできない」という点です。乗馬は馬と騎手とが一緒になって初めて成立するものなのです。

そのため、乗馬を楽しむ場合には、乗馬クラブに入会するのが一般的です。乗馬クラブでは、初心者でも気軽に馬に乗れるよう、性格がおとなしく調教の行き届いた馬を使ってレベルに応じたレッスンを行ってくれます。レッスンを行うときには、乗馬の基本的なマナーに加えて、乗馬クラブそれぞれのルールなども存在します。特に何頭もの馬が行き交う馬場の中では、自分勝手な行動は禁物です。お互いが譲りあいの精神を持ち、気持ちよく乗馬を楽しめるように心掛けましょう。

ステップ1
ステップ2
ステップ3

乗馬を楽しむためのマナー

馬具の装着や手入れを行うときのマナー

1 馬に近づくときは必ず前から

馬の死角である後ろから近づくのは、馬にも余計な不安を与えます。必ず前から近づき、馬を安心させるようにしましょう。

2 馬が耳を伏せるのは警戒の合図

馬は臆病な性格で、周りを警戒した時には耳を伏せます。そんな時は不用意に近づかず、ある程度の距離を取りながら、声をかけて落ち着かせるようにしましょう。

3 洗い場では無口頭絡を付ける

ハミを付けたままで手入れを行うと、馬の口を切ってしまう原因にもなります。必ず無口頭絡に付け替えて作業を行うようにしましょう。

4 手入れは素早くかつ丁寧に

馬の手入れはあまり長い時間をかけず、手際よく進めていくように。あらかじめ手順を覚え、スムーズに行うことが大切です。

5 けがを防ぐための準備も大切

乗馬の時にかぶるヘルメットは、馬の手入れの際にも身につけておくように。ケガを未然に防げるうえ、乗馬の際にヘルメットを忘れることもありません。

6 曳き馬の時は、必ず鐙を上げる

馬具の装着を終えて曳き馬で馬場へ向うときは、鞍を傷つけたり、馬のお腹に当たらないように、必ず鐙を上げておきまよう。また、手綱の端が地面を引きづらないようにも注意しましょう。

馬場でレッスンを受けるときのマナー

1 馬の乗り降りは馬場の中央で

乗馬・下馬を行うときは、馬場の中央で行うようにします。また、馬場の出入り口では、馬をとめないようにしっかりと誘導するようにしましょう。

2 腹帯・ヘルメットの確認

きちんとヘルメットを着用しているかを確認。あご紐もしっかりと締めておきます。乗馬の前には、腹帯がちょうどいい締まり具合になっているかもチェックします。

3 まずは柵に沿って常歩行進

レッスンを行う前は、自分勝手に馬を動かすのは厳禁。馬場柵に沿うようにしてゆっくりと常歩行進を続けるようにします。

4 すれ違うときは左側通行で

馬が前からやってきたときには、左側通行が基本になります。お互いの間隔は1m程度が目安。十分な距離を開けてすれ違うようにします。

5 乗馬に適した格好をする

動きやすい格好が基本ですが、あまりの軽装だと、余計なケガにもつながりかねません。ヘルメット、キュロット、ブーツを着用するなど、乗馬に適した服装で騎乗するようにします。

COLUMN 3

乗馬をするときの心構え

乗馬というのは一体どんなスポーツなのでしょうか？　初心に返る意味でも、ここではもう一度、乗馬の魅力について考えてみることにしましょう。

乗馬は誰でも気軽に楽しめる!

最近では、全国の観光スポットでも乗馬を楽しめる場所が増えてきました。乗馬とは、人間と生き物とが一体になって楽しむスポーツです。それだけに、自然と触れ合う機会も多くなり、日常では感じられない癒しのひとときを過ごすことができます。

また、年齢制限がないのも特徴のひとつです。馬を動かすのに必要なのは腕力や体力ではありません。それだけに女性や子供でも一緒になって楽しめるわけです。世代を問わずだれでも楽しめるのが乗馬の魅力です。

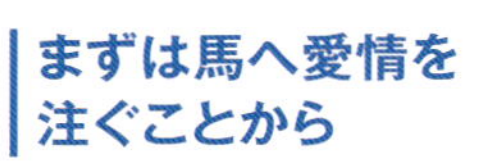

まずは馬へ愛情を注ぐことから

乗馬では、自分よりも何倍も大きな馬を操らなければいけません。だからといって、無理やり馬を動かそうとしても、決して自分の思い通りに動いてくれることはありません。馬にきちんと指示を与えて、馬がそれを正確に受け止めることで、初めて乗馬ができます。だから、人と馬とがしっかりと信頼関係を築いていることが大切なのです。

馬が好きという気持ちを忘れない

大切なのは「馬をかわいがる気持ち」、「馬のことを知ろうとする気持ち」を保ち続けることです。とても基本的なことのように思えますが、乗馬のレッスンに慣れてくると、最初の新鮮な気持ちを徐々に忘れてきてしまうものです。もう一度、馬が好きという気持ちを見直し、馬とのコミュニケーションを大切にしていきましょう。

基本姿勢の確認・脚や手綱の使い方・軽速歩

運動の基本となる姿勢を確認し、脚、手綱の正しい使い方や、軽速歩をうまく行うためのポイントを紹介します。

上達のポイント

NO. 14

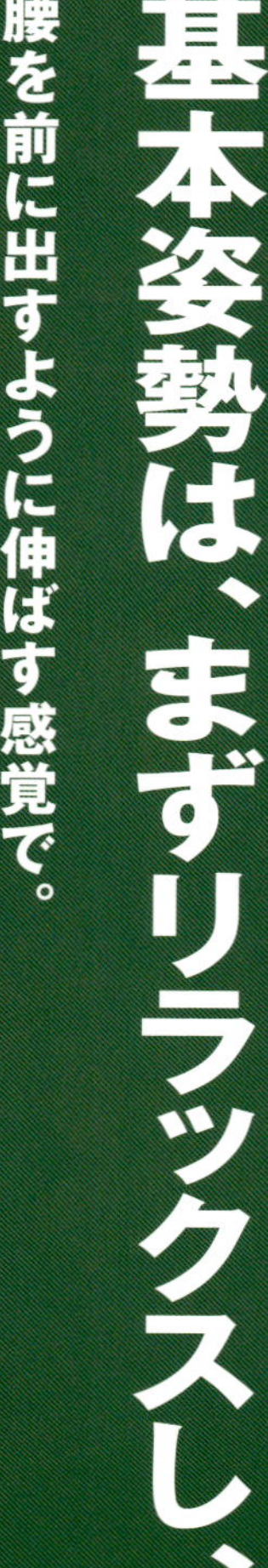

基本姿勢は、まずリラックスし、

腰を前に出すように伸ばす感覚で。

**上半身をまっすぐに保ち
踵までの垂直なラインを意識する。**

常歩、速歩、駈歩など、運動を行う際に大切になってくるのが基本姿勢をしっかり保つことです。特に乗馬に慣れないうちは、なかなかリラックスした気分にはなれないため、緊張から体に余計な力が入り、正しい姿勢をとれないケースが多く見られます。まず大切なのはリラックスすることです。**肩や肘、膝、足首などに入る力を意識的に抜くことで、リラックスした状態を作りやすくなる**はずです。上半身はまっすぐにし、腰を前に伸ばすようにして、重心が少し前にかかる感じを作ります。そして、鞍全体に体重をかけるように心がけ、姿勢を安定させるようにしていきます。

ココをマスター

正しい基本姿勢と、そのポイントをマスターする。

できるポイントを徹底チェック!

正しい基本姿勢をマスターすることは、さらなる上達への近道にもなります。正しい姿勢と悪い姿勢を見比べながら、脚の位置、上半身の状態などを確認し、きちんとした姿勢の取り方を覚えるようにしましょう。

POINT. 1

姿勢はまっすぐ常にリラックスを心がけるように。

まずは体の力を抜いてリラックスすること。そして体の中心線が、頭から肩、腰を通り、踵へと垂直になるように心がけます。無理に背筋を伸ばそうとするのではなく、鞍の一番深いところに腰を滑り込ませ、前に押し出すように伸ばすイメージが大切になります。

POINT. 2

前方を意識しすぎ体が前に倒れて前かがみになる。

うまくリラックスできていないと、体に余計な力が入り、前方に倒れたようなバランスの悪い姿勢になってしまいます。まず、肩や肘などから力を抜くようにすること。そして、馬の頭に視線を落とすではなく、遠くの景色などを見るようにして視線を上げるようにします。

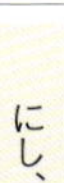

POINT. 3

どっしりと腰掛けてしまい上体が後ろに傾く。

鞍の後橋部分に深く腰掛けてしまったり、踵を意識しすぎて必要以上に下げすぎてしまうと、写真のような後ろに傾いた姿勢になってしまいます。この時には、両足で一度鐙に立つようにし、上体を腰から前に伸ばすイメージで座りなおすとまっすぐな姿勢ができあがります。

上達のポイント

NO.15

親指・人差し指・薬指・小指での

手綱のはさみ方、握り方に注意。

悪い例 NG

親指と人差し指で握らないと×

単純にグーの状態で握るのは間違い。微妙な扶助を与えるため、親指と人差し指、薬指と小指の間を通すように持ちます。

まずは拳をリラックスさせて馬の口角と優しく接するイメージを。

ココをマスター

正しい手綱の持ち方や、その注意点などを復習する。

馬は頸を動かして前に進むため、この動きについていくために、**手綱は卵を握るように丸くして柔らかく持つことがポイント**になります。肩や肘をリラックスさせながら、まず、肘を自分の体の側面に軽くつけるようにします。そして、拳を下腹部に置き、肘を締めたままの状態にして、前に出すようにします。お腹から15cmくらいの距離がちょうどいい拳の位置になります。手綱の持ち方は、小指と薬指の間を通し、親指と人差し指で挟むようにして持ちます。このとき、左右の拳を平行に保ち、均等な長さで持つようにしましょう。両方の拳の間隔は、10cm程度が目安になります。

できるポイントを徹底チェック！

拳によって柔らかく馬と接触することができれば、馬も落ち着き、安心して前に進むことができます。基本的な握り方をしっかりとマスターして、問題なく馬に扶助を与えられるように準備していきましょう。

POINT. 1

卵を掴むように掌に空間を作るイメージで握る。

手綱を持つ拳を固くしてしまうと、馬の口角との柔らかい接触を行えません。しっかりと握りしめるのではなく、まずは拳全体をリラックスさせながら持つように心がけましょう。生卵を握るようなイメージで、優しく包み込むようにして握るのがコツになります。

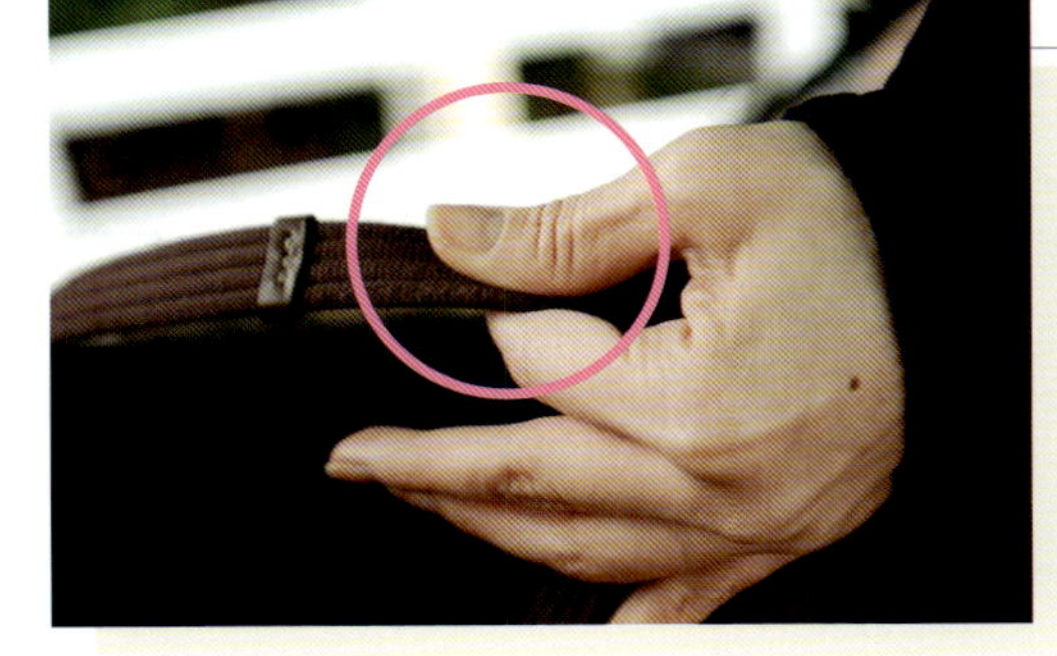

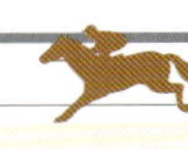

POINT. 2

親指と人差し指の間を通すように手綱を指で挟む。

写真のように、親指と人差し指で手綱を挟み込むように掴んでいきます。このとき、余計な力が入りすぎないように注意します。また、拳を伏せないようにすることも大切。馬の口と自分の拳とが、手綱を通じて接触しているような気持ちで持つように心がけます。

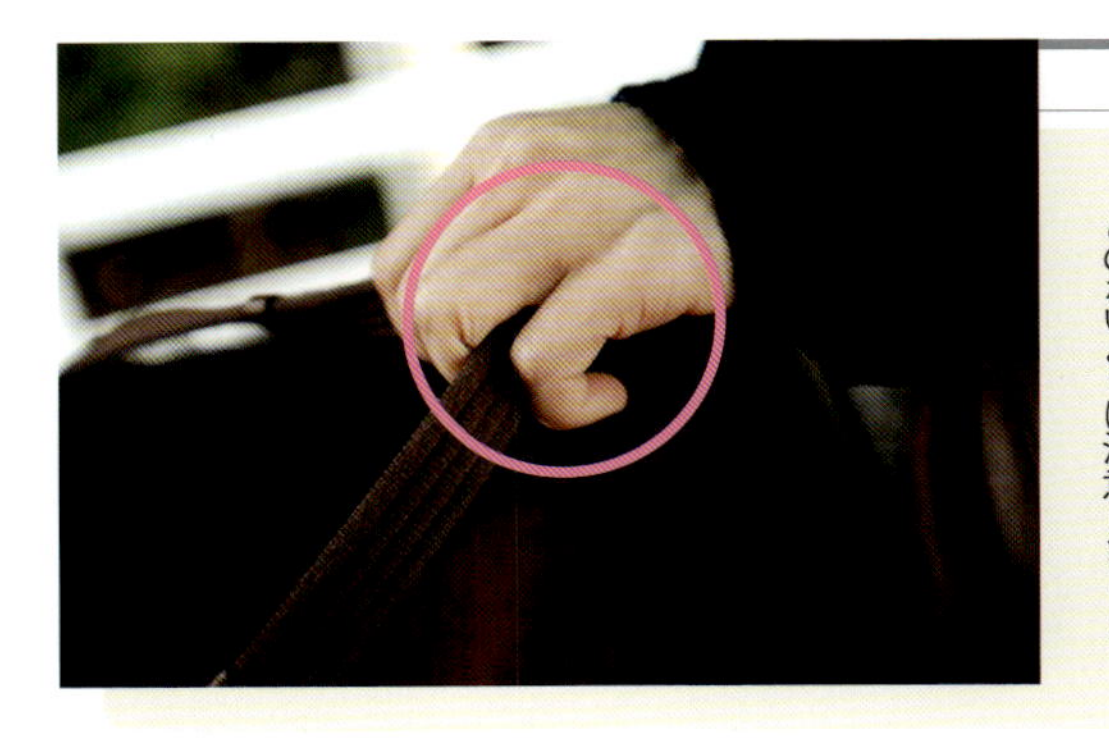

POINT. 3

薬指と小指で手綱を挟み込むように持つ。

親指と人差し指で挟んだ手綱の反対側を、今度は薬指と小指で挟むように持ちます。こちらも余計な力が入らないように注意します。むやみに手綱を引いてしまうと、馬は前進する意欲を無くしますので、バランスを取るために引っ張ったりすることのないように注意しましょう。

上達のポイント

NO. 16

拳が上下に動いてしまう時、

うまく止めるための対処法。

拳のリラックスとともに手綱に張りを持たせるのがコツ。

ココをマスター

拳の正しい握り方を確認し、安定した位置を保つ。

拳が上下に揺れるという人は、拳を強く握りすぎているケースが多いです。指をぎゅっと閉じて、拳を強く握るということは、肘や肩、手首など、体全体に力が入った状態になります。馬はゆっくりとした常歩を行うときでも反動がありますから、手が固くなっていると、反動を吸収することができず、拳が上下に動くことにつながります。ですから拳の閉じ加減を調整することで、余計な力を抜いていくようにします。**卵を握ってつぶれない程度の握り加減を目安に**手綱を柔らかく持つようにしましょう。また、やや肘を後ろに引き、手綱の張りを若干強くすると、上下の動きが止まりやすくなります。

できるポイントを徹底チェック!

体に力が入ってしまっていると、馬の反動をそのまま受けて拳が上下してしまいます。まずはリラックスを心がけ、その上で、肩、肘、手首の力を抜いていくように心がけます。手綱の張りを強くすることも有効な対処法です。

POINT. 1

力を入れすぎると体の動きに合わせて拳が動いてしまう。

軽速歩の運動中には、腰を上げるとそのまま拳まで上に上がってしまうというケースが見られます。これもやはり必要以上に拳と腕に力が入っている証拠です。体の動きと拳とは切り離して考え、卵を握る時をイメージしながら優しく手綱をにぎることが大切になります。

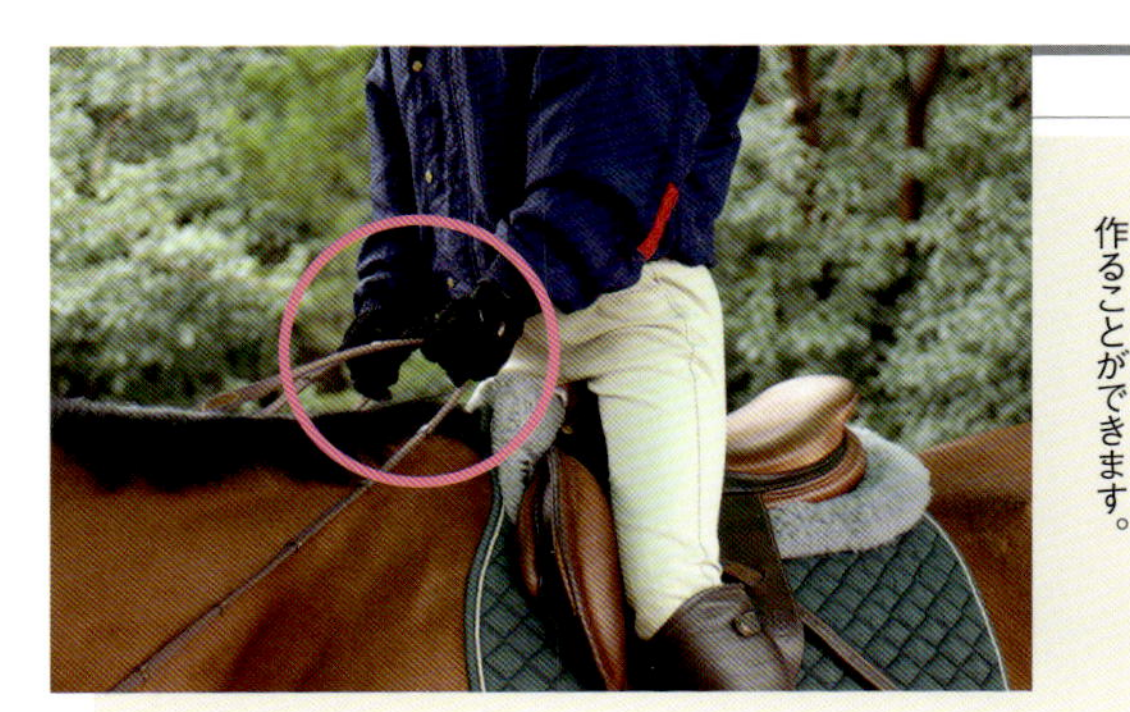

POINT. 2

肘を引いて手綱に張りを作ると動きが止まりやすい。

手綱が緩い状態ですと、その分余裕が生まれ、馬の頸の上下運動も大きくなります。そこで、軽く肘を引き、手綱に少し張りを持たせるようにします。こうすることで、馬の頸の上下運動を小さくすることができ、結果的に拳も安定しやすい状態を作ることができます。

POINT. 3

鞍の前橋の少し前あたりの位置で一定に保つように。

各運動に慣れるまでは、緊張のあまりなかなか体の力が抜けないかと思います。ただ、しっかりと体のバランスが取れるようになれば、自然と拳の力も抜け、リラックスした状態を作れるようになるはずです。まずは、正しい位置を確認し、意識的に力を抜くように努めましょう。

上達のポイント

NO. 17

拳の正しい位置は、馬のき甲の前あたりに。

お腹から15cmを確認し、運動中も意識を残しておく。

ここでは拳の位置をもう一度確認していきます。拳の正しい位置は、馬のき甲の上あたり、鞍の前橋の少し前あたりになります。拳を正しい位置でつくるためには、まず、肩や肘、手首を楽にした状態から、肘を上半身の側面に付けるようにします。その状態から、肘を締めた状態を崩さず、まっすぐ前に出すようにしましょう。**お腹から15cmぐらいを目安に腕を出せば、正しい拳の位置を作ることができます。**余計な力が入ってしまったり、手綱でバランスを取ろうとすると、手綱の位置が前に移動したり、極端に後ろにいく原因になりますので、運動中も正しい位置を意識するように努めましょう。

ココをマスター

正しい拳の位置を確認し、維持の仕方を覚える。

できるポイントを徹底チェック!

ここでは正しい拳の位置とともに、よく見られる誤った拳の位置について解説していきます。特に速歩や軽速歩を行うときには、無意識のうちに拳でバランスを取ろうとし、前後してしまうというケースが少なくありません。

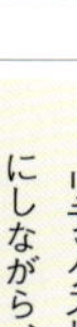

POINT. 1 自分のお腹から15cm程度の距離感を保つ。

手綱を持つ時には、肘を支点にし、手綱と腕が一直線になるようにしていきます。このとき、肘から肩にかけてはある程度の力が入るかと思いますが、その分、肘から指先までは力を抜き、リラックスした状態を保つようにしながら、馬のき甲の上あたりをキープします。

POINT. 2 腕に力が入ると肘が伸びなくなり拳が前に出る。

全身に力が入っていると陥りやすいケースです。腕を肘から自然に折りたたむのが正しい状態ですが、完全に肘が伸びきってしまい、自由が効かない状態になっています。腕の力を抜くのと同時に、手綱が短すぎる場合も考えられますので、長さを調整してみるのもいいでしょう。

POINT. 3 お腹のすぐ前まで拳が後ろに来てしまっている。

このケースは鞍に深く腰掛けてしまっていたり、軽速歩などの際に、体のバランスを取ろうと手綱を引っ張ってしまっている場合によく見られます。まずは正しい姿勢を意識すること、そして、手綱が長すぎることも考えられるので、短く持つように調整してみましょう。

上達のポイント NO.18

運動を始める前の気をつけのポイント・注意点を確認する。

手綱を短く持ちかえてはみと接触する感覚をつくる。

馬に扶助を与える場合、単に脚での圧迫や手綱の操作を行っても、馬はうまく反応しません。まずは馬とのコンタクトをしっかりととれる状態を作ることが必要になってきます。常歩、速歩、駈歩などを行うときには、まず手綱の持ち方を確認し、短く持ち直して、馬のはみから肘にかけて、**手綱で一直線のラインを描けるように**張りをつくるようにします。これにより、馬の集中力も高まり、しっかりと手綱での操作を伝えることできるようになります。脚での圧迫などでうまく発進ができない場合は、この気をつけの姿勢がしっかりできているかを今一度確認するようにしましょう。

ココをマスター

気をつけの仕方を学び、馬に的確に扶助を伝える。

できるポイントを徹底チェック!

扶助を正しく伝えるためにも、運動前の気をつけは大切になります。拳に余計な力を入れる必要はありませんので、手綱を伝わって優しく馬の口角を触るような感覚を大切に、ゆっくりと馬とコンタクトを図るようにしましょう。

POINT. 1

扶助を伝えるため馬の意識を徐々に高めていく。

ゆっくりとした常歩の時とは違い、手綱を短めにして、手綱に張りを出すようにします。このとき、肘から馬の口角にかけて、手綱が直線を描くようにイメージします。ただ、支点はあくまで肘。肩を支点にして腕全体が伸びないように注意しましょう。

POINT. 2

手綱の状態はブラブラさせない程度の張りを。

手綱が弛んだ状態になっているときは、まだ馬とのコンタクトがしっかりと取れていない状態。ゆったりとした常歩などではこのような状態になり、馬の頸は下がっていることが多いです。ここから手綱の長さを調整し、馬の口角にはみが優しくあたる程度まで、張りを作ります。

POINT. 3

手綱を短くし口角と接触する感覚を大切に。

手綱の張りをつくるために、2~3cm程度手綱を短く持ち直します。すると、今まで頸を下にもたげていた馬も、頸をあげて早い歩き方へと変化してきます。常歩からの駈歩発進を行う場合などには、手綱を短く↓脚での扶助を繰り返しながら、発進しやすい状態を作っていきます。

上達のポイント

NO. 19

脚への力の入れ方、上半身などを修正し、

鐙を正しく踏めるようにしていく。

足の指の付け根あたりに鐙が来るように意識する。

鐙の踏み方もしっかりと基本を押さえておかないと、正しい姿勢をとるときに支障が出ることになります。まず意識することは、体をリラックスさせること。最初のうちは脚の位置が安定しないことが多いため、逆に足を意識しすぎてしまい、余計な力が入ってしまうことが少なくありません。そして、**足の底は地面と平行、やや下がるぐらいに踵が来るように**、足の指の付け根で鐙を踏んでいきます。正しい位置で自然に鐙を踏めば、正しいポジションが取れるはずです。難しい時は、足の指が、足の重みで付け根の関節から折れ曲がり、つま先が若干上に向くような感覚をイメージしてみてください。

ココをマスター

鐙の正しい踏み方をしっかりと確認する。

できるポイントを徹底チェック！

ここでは誤った鐙の踏み方を見ながら、その対処法をレクチャーしていきます。鐙の踏み方は、正しい姿勢が取れるかどうかにも関わってきますので、きちんと基本を覚えて、馬に乗る前からイメージしていきましょう。

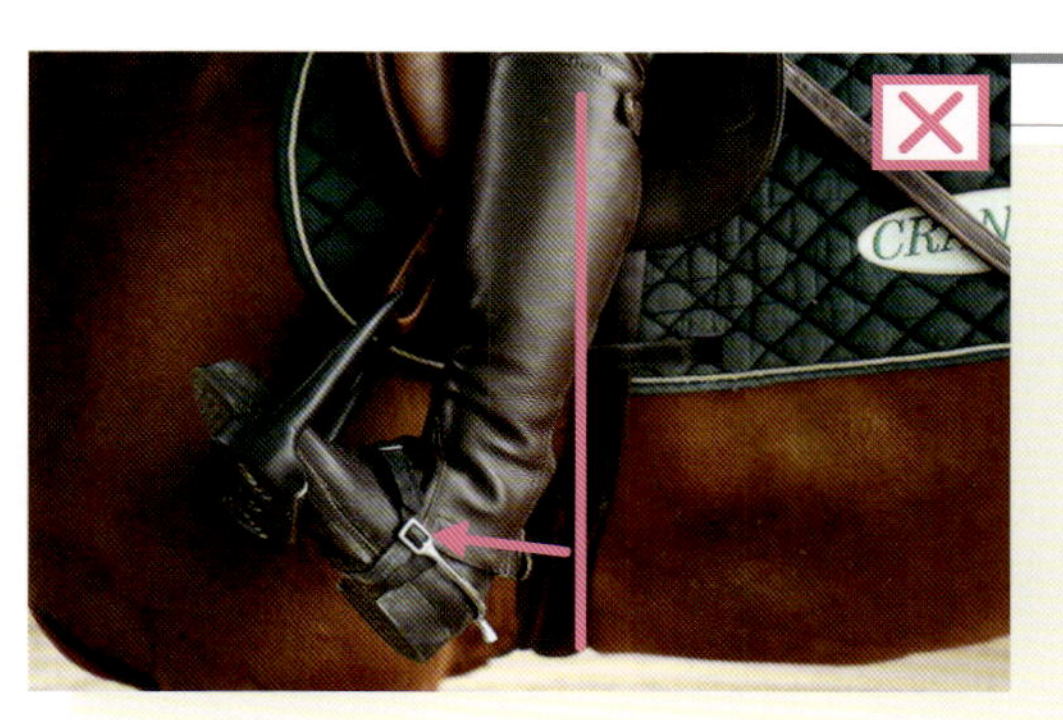

POINT. 1 踵を意識しすぎ脚が前方に行き過ぎている。

特に大柄の人にみられますが、上体が後ろに下がり、鞍の後橋に腰掛けるような体勢になると、このような脚の位置になってしまいます。ふくらはぎをピンと伸ばして踵を極端に下げるのではなく、重みで自然に下がる程度の感覚で踏めるよう、一度鐙に立って座りなおしましょう。

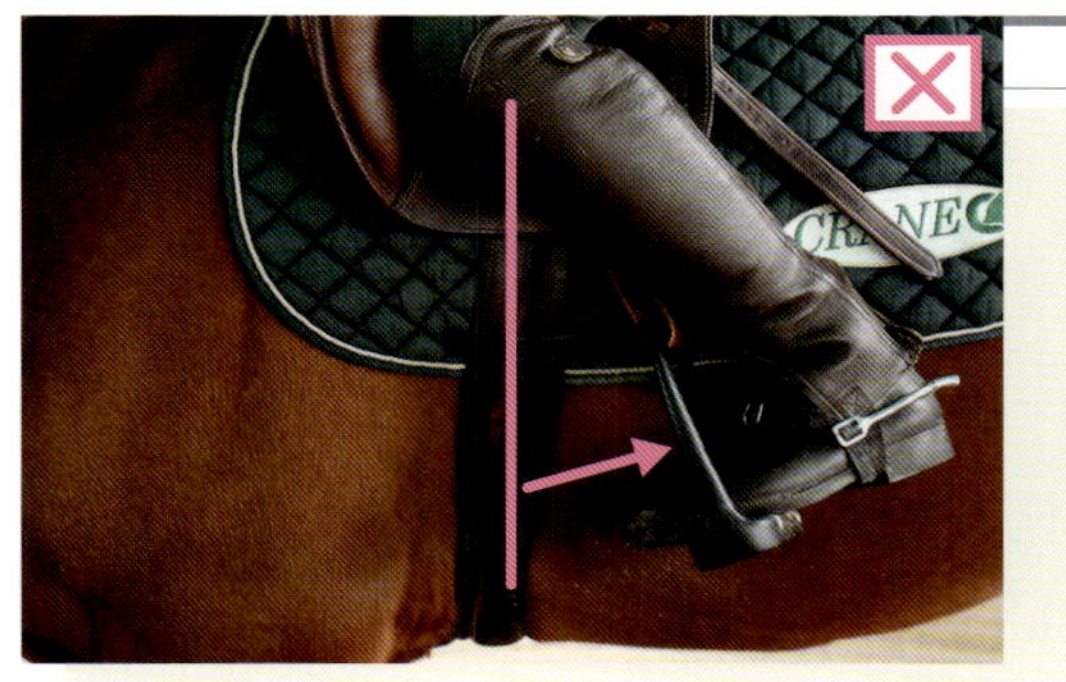

POINT. 2 つま先で踏もうと意識しすぎると踵が上がってしまう。

上半身が前屈みだったり、猫背の状態だと、後ろに下がった脚の位置になることが多いです。つま先で鐙を踏もうとするあまり、アキレス腱が収縮してしまって、結果的に踵が上がってきてしまうことになります。つま先を上げる感覚で踏みなおすと治りやすくなります。

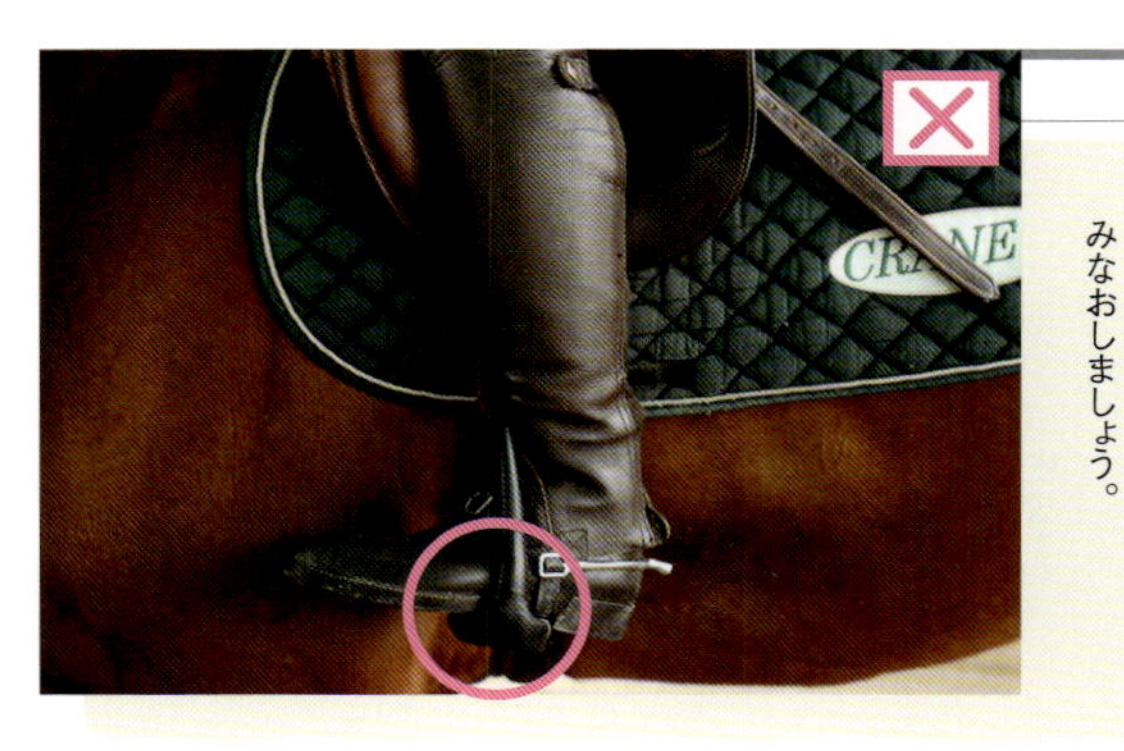

POINT. 3 鐙の位置が土踏まずまで来てしまっている。

鐙を踏む位置は、指先の付け根あたりが基本ですので、写真ですとかなり深くまで入れてしまっている状態です。こうなると、脚の踏ん張りがきかず、馬の反動をうまく吸収できなかったり、体のバランスも取りづらくなります。指の付け根を目安に踏みなおしましょう。

上達のポイント NO.20

階段やイスを使ってできる

鐙の踏み方の練習法を行う。

騎乗しているときをイメージし、指の付け根で踏む感覚をつかむ。

騎乗してレッスンを受けているとき以外でも、鐙の踏み方を練習する方法はあります。まず、階段などの段差を利用して、足の指の付け根で鐙を踏む感覚、自然に踵を下げる感覚を掴んでいきましょう。**踵を上げたり、下げたりを繰り返しながら、つま先の付け根で踏むことに慣れる**ように練習していきます。また、馬に乗っているときのイメージをつかむためには、椅子を使って練習するのも効果的。背筋を伸ばしながら、椅子に浅めに座り、踵を上下させながら、鐙を踏むコツをつかんでいきます。気軽に練習できますので、イメージをつかむために、ぜひ繰り返し行ってみてください。

ココをマスター

鐙の踏み方を簡単に練習できる方法を覚える。

できるポイントを徹底チェック！

鐙の踏み方を覚えるため、家でもできる簡単なレッスン法を紹介します。仕事や家事の合間などに簡単に行えますので、イメージをつかむために何度も行ってみてください。上半身の姿勢の作り方も一緒に覚えられます。

POINT. 1

段差を使って踵を下げる感覚をつかむ。

踵を下げるといっても、極端に下げる必要はありません。鐙を正しい位置で踏むことで、自然に踵が下がるようになります。階段の角を鐙に見たてながら、足の指の付け根に体重がかかる感覚を覚えていきます。つま先が多少上に向くぐらいを意識してみましょう。

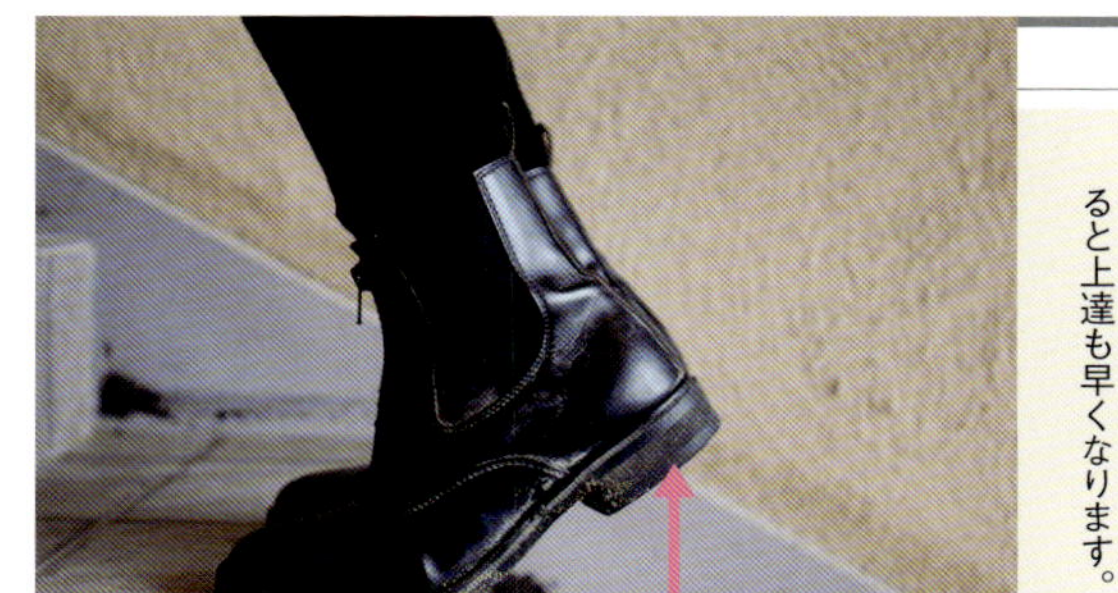

POINT. 2

踵を上げて力の入れ具合や曲げ具合を確認。

今度はつま先立ちするような状態を作ります。これによってつま先や踵の柔軟性を養えるとともに、足の指の付け根に体重がかかる感覚をよりイメージしやすくなります。1の状態とを交互に繰り返しながら、鐙を踏んでいる状態をイメージすると上達も早くなります。

POINT. 3

椅子に座りながら鐙を踏む感覚をつかんでいく。

最後には椅子に座りながら、鐙を踏む感覚をつかんでいきます。階段を使うときよりも、乗馬しているイメージはつかみやすいかと思います。浅めに座り、足の指の付け根を意識しながら、頭から下へと一本線を描くようにし、背筋や腰、脚の位置なども同時に確認していきます。

上達のポイント

NO.21

ブーツの中の足の位置を確認して、

踵が上がる原因を考えてみる。

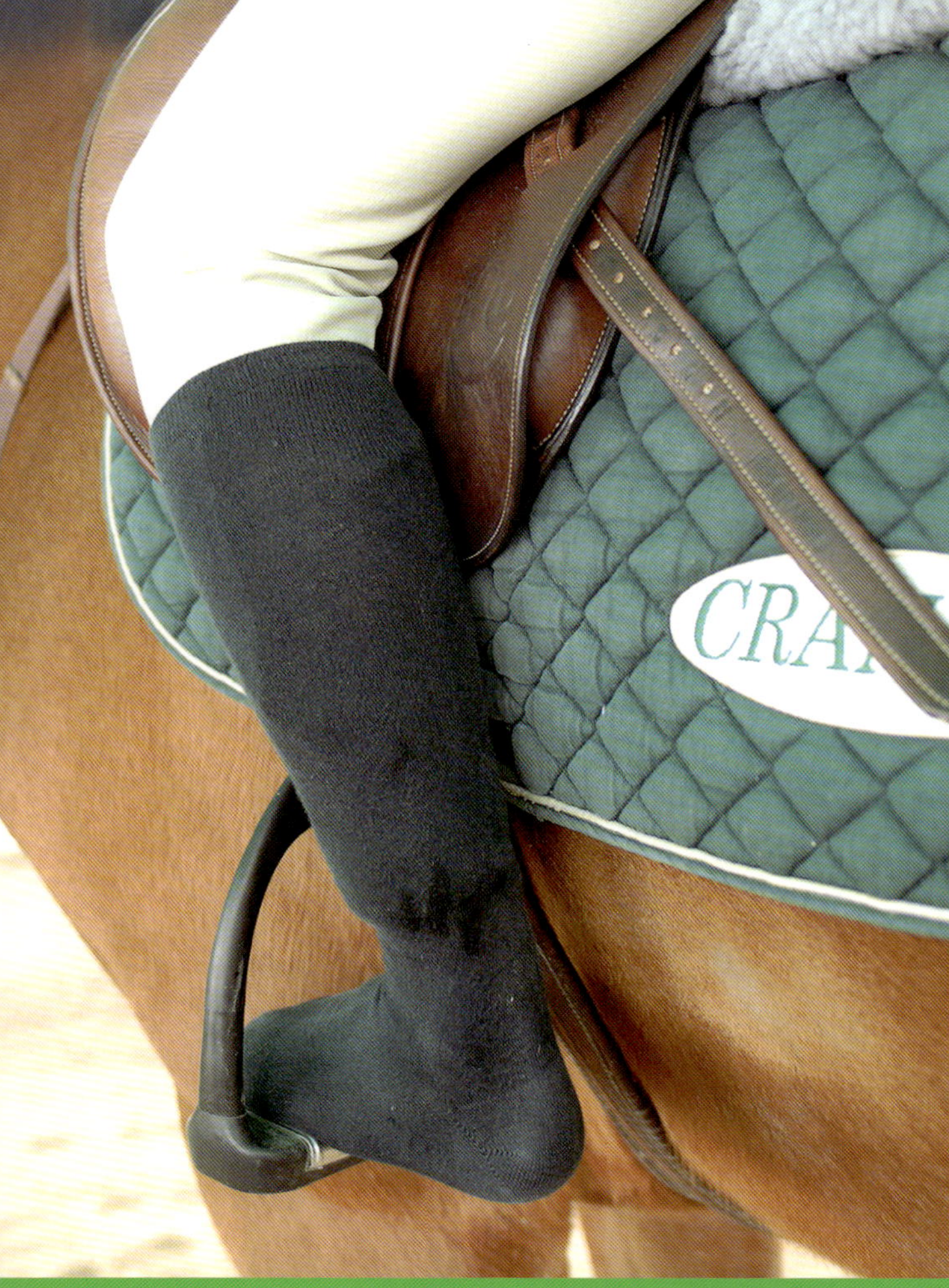

指先が巻き込む形はNG。
しっかりと基本の位置を覚える。

踵を下げるといっても、膝裏を伸ばして極端に下げる必要はありません。足の底は地面と平行より、やや下がるぐらいで十分です。鐙の踏み方については、鐙を踏んだ際に、**足の重みで指の付け根から関節が折れ曲がり、若干つま先が上を向く程度**が目安です。ブーツを履いたままでは、実際の足の状態が分かりづらいので、ここではブーツを脱いだ状態を見てもらい、どうような足の状態を作り出せばいいのか確認していきます。踵が上がる人は、つま先への意識が集中しすぎ、鐙を巻き込んでしまっているケースが多く見られます。まず、自分が陥っている足の状態をきちんと把握することが大切です。

ココをマスター

踵が下がらない時の対処法をマスターする。

できるポイントを徹底チェック!

ここでは実際にブーツの中でどのように足を使っていけばいいのかを、ブーツを脱いだ状態の写真とともに解説していきます。普段、自分がどのような足の状態になっているのかをしっかりチェックしていきましょう。

POINT. 1

指先を使って鐙を巻き込んでいる人が多くみられる。

写真では踵が上がってしまっている人の典型的な足の状態です。このようにつま先で鐙を巻き込んでしまうと、アキレス腱が収縮してしまい、どうしても鐙が上がってきてしまいます。まずは、つま先にかける力を抜き、自然に鐙に足を乗せる感覚を掴みましょう。

POINT. 2

踵が自然に下がりつま先が上を向く状態を作る。

正しい鐙の踏み方をすると、足の重みで踵が自然に下がり、若干斜め上方向への直線を描くようになります。このとき、特に力を入れずに鐙を踏むことが大切です。どうしても踵が下がらない時には、逆につま先を上に向けるように意識すると踵を下げやすくなります。

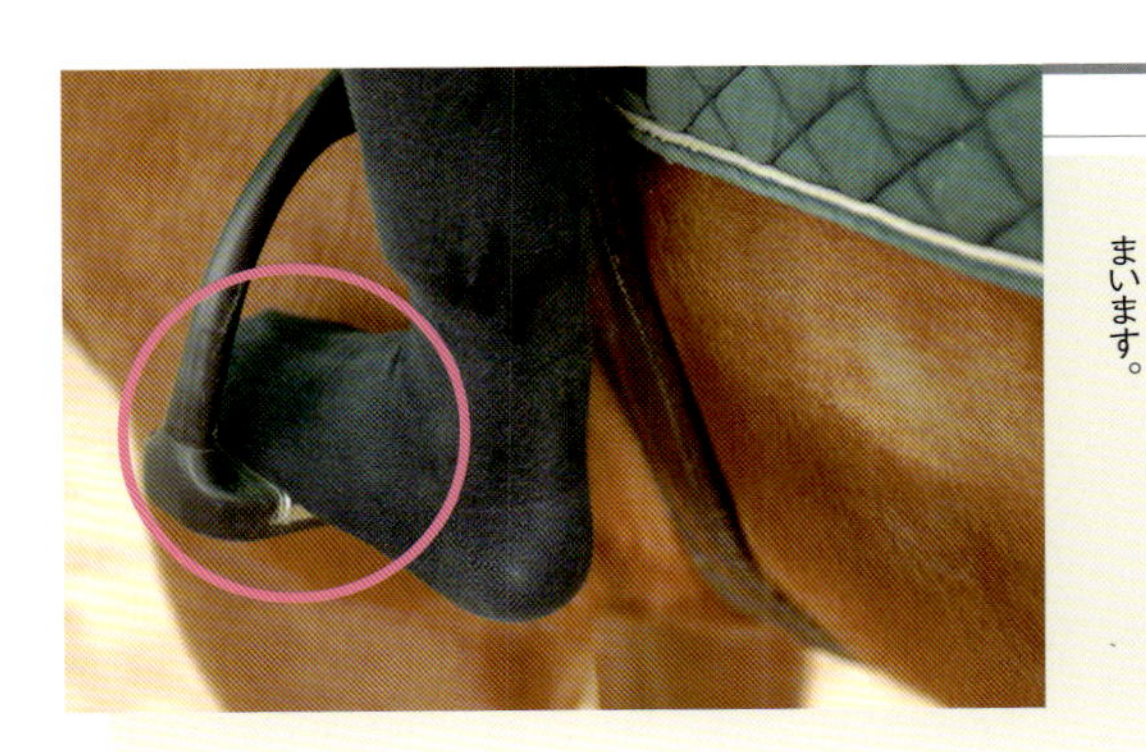

POINT. 3

指の付け根部分で鐙を踏むようなイメージをつくる。

踵を下げるためには、鐙を踏む位置も大切になってきます。指の付け根のやや肉厚な部分を意識し、ここで鐙を踏むようにイメージしていきます。深くなったり浅くなったりすると、体のバランスも取りづらく、踵を下げることができなくなってしまいます。

上達のポイント NO.22

どうしても脚が突っ張る人は、

鐙の上に一度立つことで直していく。

尾てい骨が鞍につく体勢だと
どうしても脚を投げ出してしまう。

足を前に突っ張ってしまう人は、特に大柄の男性によく見られます。まず、一番の原因となるのが正しい座り方ができてないことです。尾てい骨を鞍に付けたような座り方になっていると、自然に足を前に投げ出してしまうことになり、結果的に突っ張った状態になってしまうわけです。ですので、この状態のままで膝から下を後ろに引いてバランスを取ろうとしても不自然な状態になり、とてもバランスが取りづらくなってしまうわけです。こんな時には、**鐙を外して姿勢を直したり、一度立って座りなおしてみるのが効果的**です。座り方が改善されれば、自然と足の突っ張りもなくなります。

ココをマスター

脚が前に突っ張ってしまう時の対処法を覚える。

できるポイントを徹底チェック！

足が突っ張る人の典型的なケースを確認しながら、その対処法を考えていきます。基本となるのは、座り方を直していくこと。正しい姿勢を見ながら、自分の尾てい骨がどのような状態なのかをチェックしてみましょう。

POINT. 1

脚を前方に投げ出したような格好になっている。

足が突っ張ってしまう原因は、そもそも足が前に投げ出された状態になっているからです。鐙を踏むため、ここから無理に膝を曲げて後ろに下げてくるので、足に突っ張り感が出てきてしまいます。まずは、足を意識する前に、正しい座り方ができているかを確認するのが重要です。

POINT. 2

尾てい骨が鞍の後橋あたりについていないか。

脚を投げ出してしまうのは、鞍の後ろにどっしりと座りすぎているからです。そのため、頭→腰→脚を結んだ直線を意識し、座り方をチェックしていくようにしましょう。馬に乗りながらでは確認しづらいので、馬場にいるスタッフなどに確認してもらうのがいいかもしれません。

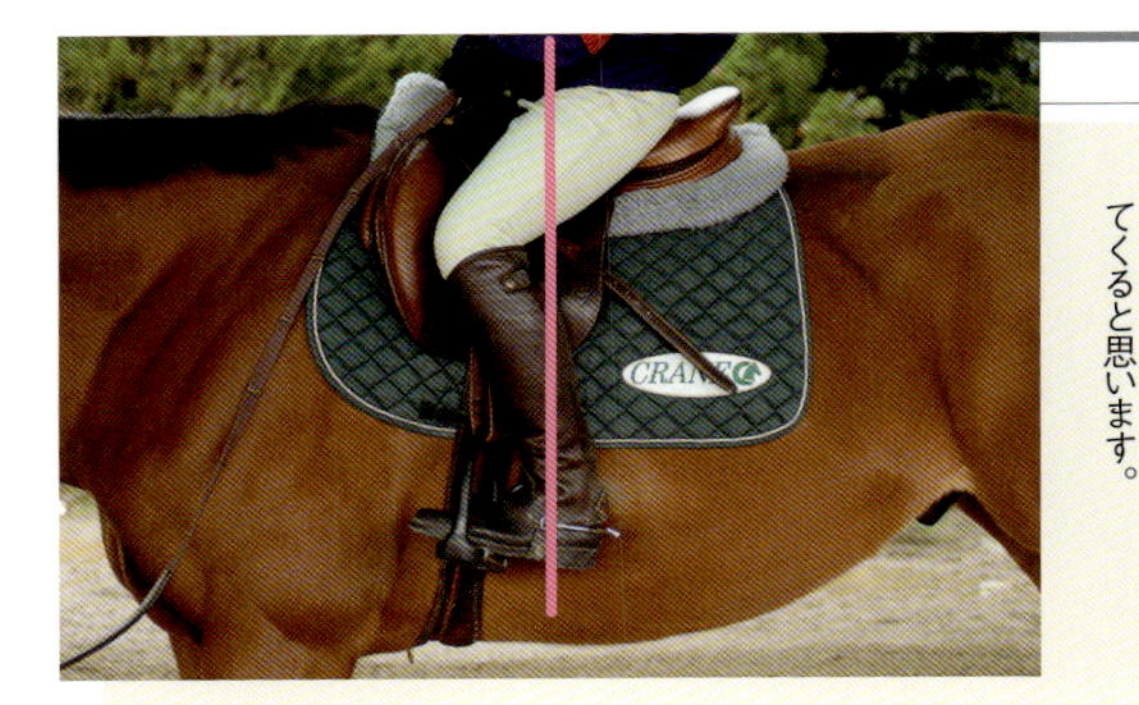

POINT. 3

一度立ちあがり骨盤が真っすぐになるよう座りなおす。

一度立ちあがり、股関節を曲げて、骨盤が真っすぐになるように注意して座りなおします。写真の状態だと尾てい骨がくっついていないのが分かると思います。背筋が自然に伸びることにより、膝から下の脚の位置も自然にちょうどいい場所に収まってくると思います。

つま先が外に向いてしまう場合、

膝を閉じるようにして改善する。

膝を閉じるようなイメージで股関節から内側に回転させる。

つま先が外側に向いてしまうという人は、膝が開いてしまっているケースが多く見られます。そのため、ふくらはぎの後ろの部分が鞍に接しているような状態だと思います。このまま単純につま先のみを前方に向けようとしても、足の関節の構造上、非常に難しくなります。ですから、まずは**膝を開くのではなく、閉じる感じにする**必要があります。膝を閉じてもらうと、自然につま先が前を向くようになります。こうすることで、外側を向いていたつま先を、自然に平行の状態へと持ってくることができるはずです。まずは馬から降りた状態でイメージをつかんでおくとスムーズです。

ココをマスター

つま先が外を向いてしまう人の改善方法を覚える。

できるポイントを徹底チェック！

つま先が外側を向いてしまう人の脚の状態を確認し、具体的な対処の仕方を紹介していきます。馬に乗ったときだけではなく、馬から降りた状態で膝の使い方、股関節の感覚を掴んでおけば、早く改善できると思います。

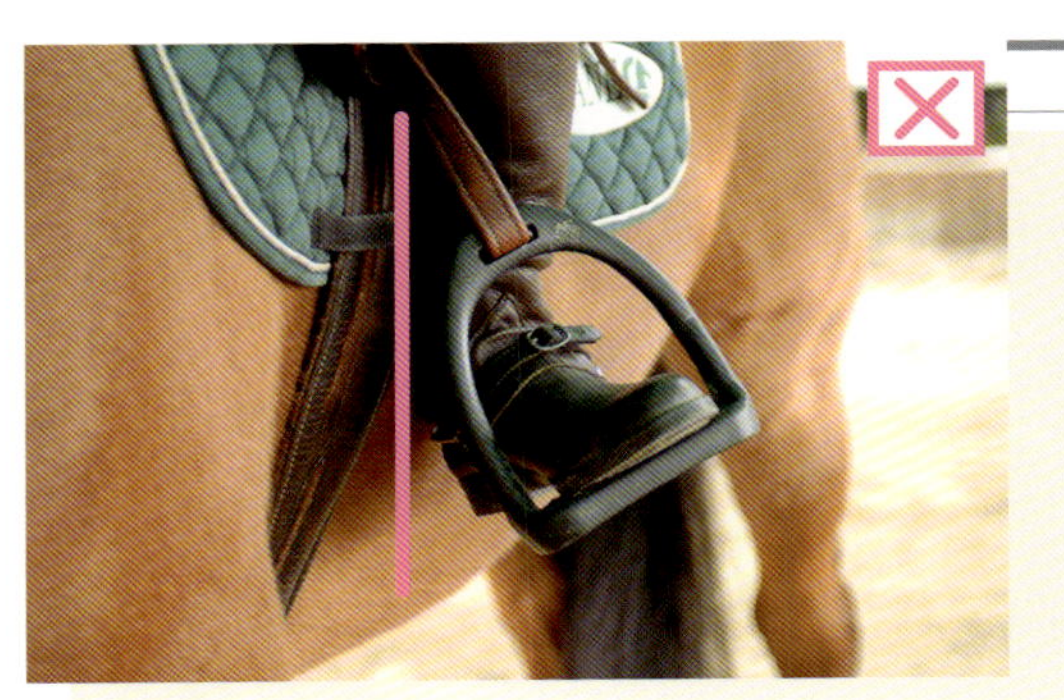

POINT. 1 つま先が外を向きふくらはぎの部分が鞍に接している。

つま先が極端に外を向いていると、ふくらはぎが鞍についた状態になってしまいます。つま先が外を向くためには脚の使い方、位置を直すというより、膝の開きすぎを直していくことが大切です。まずは写真と見比べながら、自分の脚の状態を確認してみてください。

POINT. 2 膝・股関節から大きく開いた状態になっている。

馬から降りて再現してみると、足が外に向いている人は、股関節から膝にかけて大きく開いたガニ股のような体勢になっています。このまま足だけを平行にしようとしても、関節の造りから考えても無理なのが分かると思います。まずは膝を閉じる意識が大切です。

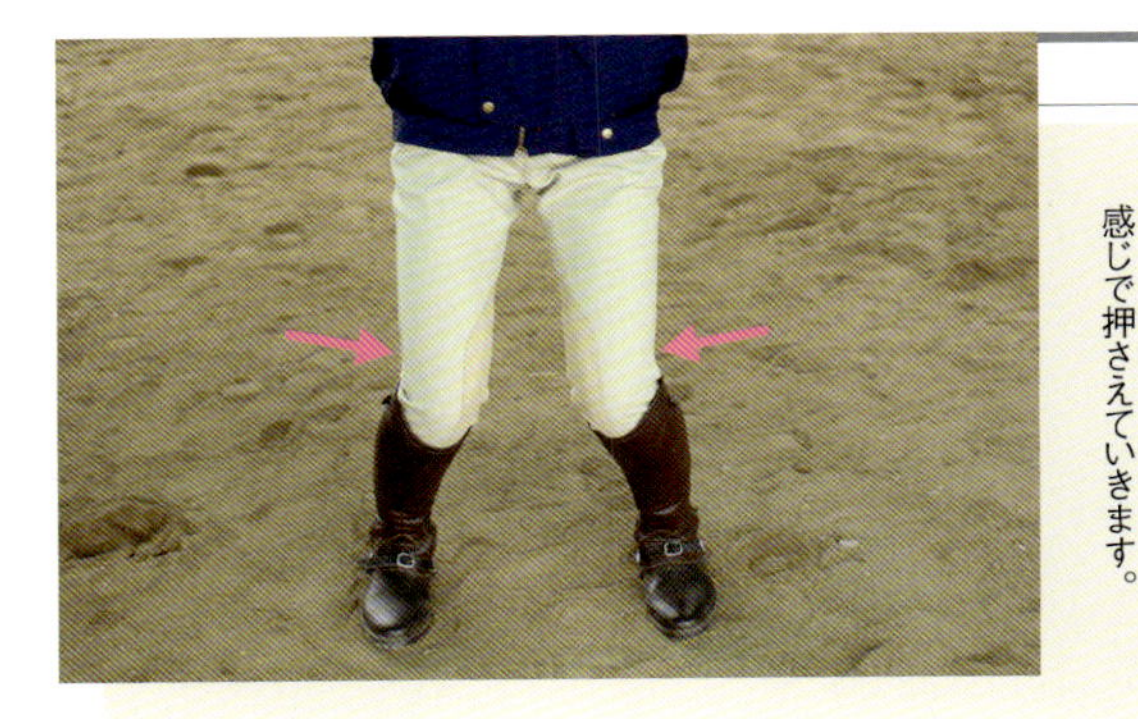

POINT. 3 膝を内側に回転させるように閉じていく。

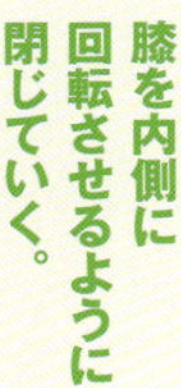

内側に回転するようなイメージで膝を閉じていきます。このとき、膝の内側で鞍を支えるようにしますが、股関節まで閉じてしまうと、膝が浮き上がって鐙に体重が乗らず、バランスが悪くなります。股関節を内転させ、膝を鞍に沿わせるような感じで押さえていきます。

まずは気をつけの状態をつくり、腹を軽く圧迫して発進していく。

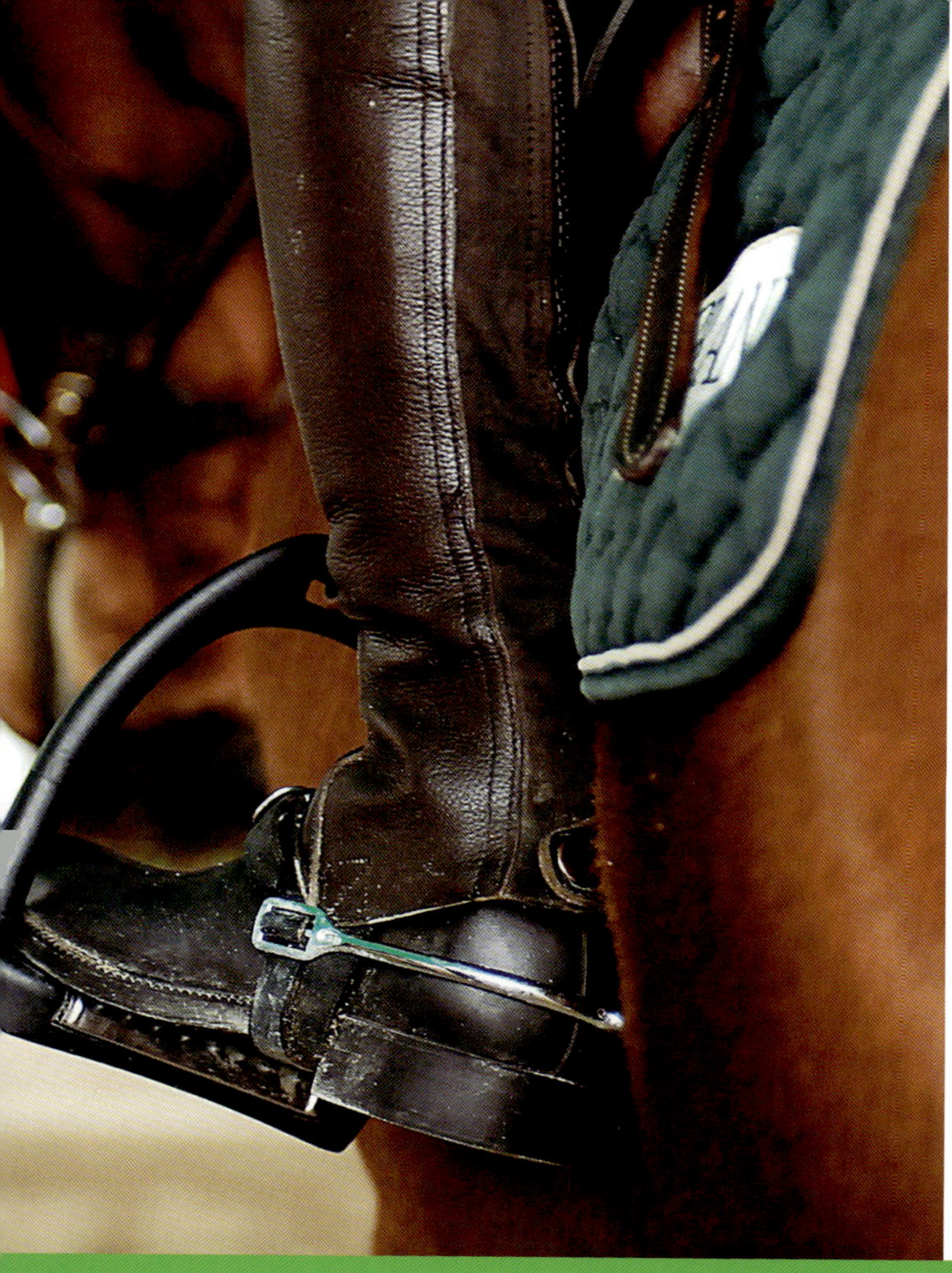

馬の進行を妨げないような適度な手綱の長さを保つ。

発進の扶助を与える前には、馬にしっかりと発進の意思を伝えられるように、気をつけの状態をつくるようにします。拳の位置も、手綱が短すぎては馬の口を引っ張ってしまって発進を妨げてしまいますし、逆に長すぎでも馬に意思を伝えることができません。前進運動を妨げない程度に、口の動きに合わせるようにします。そして、騎手も気持ちをリラックスさせて姿勢を整えるようにします。**発進の合図は、両脚で腹を軽く圧迫するように**します。動き出した後は、馬の動きに合わせていくだけ。発進後にも繰り返し圧迫したり、脚をブラブラさせたりしないように気をつけましょう。

ココをマスター

スムーズな発進の仕方・コツを習得する。

できるポイントを徹底チェック!

ここでは発進を行うまでの準備・動作をひと通り見ていきます。最初は緊張して余計な力が入ってしまいがちですが、落ち着いて馬の動きについていくためにも、発進の前には一度気持ちをほぐし、力を抜くようにしましょう。

POINT. 1 まず、最初に気をつけの状態を作って準備する。

まずは扶助を与える前に、キチンと馬に意思が伝わるように、拳の位置、手綱の長さなどを調整していきます。写真のように軽く手綱を張った状態にし、馬とコンタクトがとれるようにしておきます。ただ、逆に手綱を張りすぎると、発進の妨げになるので注意が必要です。

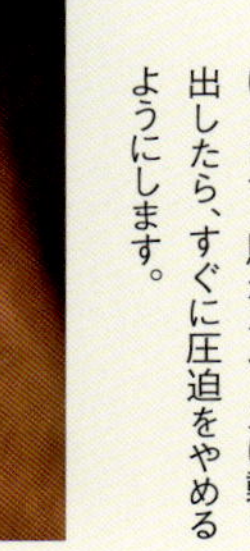
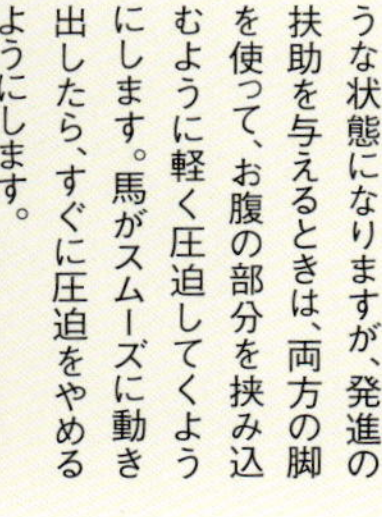

POINT. 2 発進の扶助は両方の脚の圧迫で行う。

普段の脚の位置は、馬のお腹に軽く触れるか、若干離れたような状態になりますが、発進の扶助を与えるときは、両方の脚を使って、お腹の部分を挟み込むように軽く圧迫してくようにします。馬がスムーズに動き出したら、すぐに圧迫をやめるようにします。

POINT. 3 最初の圧迫で発進しない時は圧力を強めに。

最初の脚の圧迫で馬が動きださない時には、もう一度、圧迫を強めて扶助を行うようにします。それでも発進しない場合には、踵を使ってお腹を軽く叩くようにします。いきなり強い扶助を与えるのではなく、馬の動きや反応を確かめながら徐々に行うようにします。

上達のポイント

NO.25

より強く脚を使うときには、

足の角度を変えて圧力を大きくする。

力を強くするのではなく
圧力を変えるイメージを大事に。

脚を使うときは、まず単なる力の強さではないということが基本です。強さを大きくするのではなく、足の角度を変えながら、馬のお腹への圧力を変えていくというイメージが大切です。馬のお腹に対する足の角度を鋭角にすることで、足の接地面を少なくしていけば、同じ力でもより大きな圧力で馬に扶助を与えることができるわけです。具体的には、**膝とつま先をやや開き、踵の内側、拍車の側面あたりを使って蹴るように**します。これで反応のない場合は、もっと足の角度を開くようにし、踵の真後ろ、拍車のピンの部分を使ってお腹を軽くキックするようにします。

ココをマスター

脚での扶助の方法、その応用などを学ぶ。

できるポイントを徹底チェック！

馬のお腹をより強く蹴るのではなく、脚の角度を変えることでより強い脚を使うことができます。脚の位置や使い方を確認しながら、きちんとした方法で脚での扶助を与えられるようにチェックしておきましょう。

POINT. 1

強く使うときも圧迫の方法は基本的に同じ。

脚を強く使うといっても、基本的な扶助の与え方は同じです。馬のお腹部分に脚で圧迫を与えるようにしていきます。ただ、いきなり脚を強く使うと、馬は驚いてしまうこともあります。馬とのコンタクトが途切れてしまうことになりますので、徐々に強くを心がけましょう。

POINT. 2

より力強く蹴るイメージとは違う。

脚を強く使うと聞くと、どうしても思いきり蹴るようなイメージを連想しがち。力任せに蹴ると馬への負担やストレスにもなりかねません。あくまで馬を反応させるための動作ですから、しっかりと正しい使い方を理解し、イメージ通りに使えるように努めましょう。

POINT. 3

足の角度を変えてお腹への圧力を変えるようにする。

力を強くする代わりに、足の角度を開くことで、お腹との接地面を小さくし、同じ圧力でより大きな刺激を与えるようにします。まずは拍車の側面あたりで、それでも反応がないようなら、足をさらに開いて拍車のピンで軽く蹴るようにして合図を送っていきます。

上達のポイント

NO.26

騎手と馬とがうまくバランスを取り、

姿勢全体を使うことで停止させる。

手綱を引くのではなく
拳を引きつけるイメージで。

ココをマスター

馬を停止させる方法、そのポイントを理解する。

馬は自分が歩くために、頸を前後に動かしています。そのため、馬を止めるには、その前後の動きに合わせていた拳を止め、手綱によって前に動こうとする馬の頸をストップさせるようにします。馬が頸を自由に動かせなくなれば、自然に歩くのをやめ、停止することができるのです。停止するときの姿勢は、まず体を安定させることが重要です。脚を軽く締めることで、安定した座りを保つようにします。**拳は手綱を握り締めるようにし、脇をしめて、腰に引きつけるように**します。単に拳を引くのではなく、体全体を使って静止させるというイメージを持つことが大切です。

できるポイントを徹底チェック！

馬を停止させるためには、安定した姿勢を保つことが大切です。最初は手綱を引っ張ることで馬を止めようとしがちですが、拳を引くだけではなく、背筋や腰などを意識しながら、体全体で停止の姿勢を作ることがポイントです。

POINT. 1

脇を締めて拳を腰に引きつけるように。

単に手綱を引くというイメージではなく、脇を締めて拳を腰へと引きつけていくような感覚を大切にしましょう。このとき、正しい姿勢で騎乗していれば、腕の力だけではなく、背筋や腰など、全体を使って静止させるイメージがつかめるかと思います。

POINT. 2

体全体を使って拳を静止させるイメージを大切に。

体全体を使って拳を静止させるには、正しい背筋、腰の位置で騎乗していることが大切。また、停止を行うときには、脚をわずかに締めることで、騎座を安定させるようにしましょう。体の重心を前・下方向へと移動させるようなイメージで停止の姿勢を作ります。

POINT. 3

手綱は決して強く引かないようにする。

拳を強く引いてしまうと、逆に馬が反発して前に進もうとしてしまうケースもあります。馬は急には停まれませんので、停止する位置を固めたら、そこに壁をイメージするようにして、馬の推進力との釣り合いをとりながら、拳で受ける力の量を調整していきます。

馬上体操を行うときには、

指先までしっかり筋を伸ばすように。

鞭をむやみに上げないなど 馬を驚かせない配慮も大切。

ココをマスター

馬上体操を行う上での注意点をチェックする。

最初のうちはどうしても緊張してしまい、リラックスした姿勢をとるのが難しいという人も少なくありません。そんな時は、馬上体操を行って体全体をほぐすことで、よりゆったりとした騎乗を行えるようになります。また、乗馬では、普段の生活や他のスポーツではあまり使わない足の内側の筋肉をよく使います。馬上でのバランスのとり方をつかんだり、けがを未然に防止するための準備運動としても効果的です。**馬上体操を行うときには、しっかりと指先まで筋を伸ばすこと**を心がけましょう。また、鞭などを持った手をあげるなど、馬に余計なストレスを与えないような配慮も必要です。

できるポイントを徹底チェック！

馬上体操は、体の使い方やバランスのとり方を覚えるだけでなく、ビギナーが気持ちを落ち着かせてリラックスするためにも最適です。準備運動の意味もありますので、しっかりと体の各部をのばすようにしましょう。

POINT. 1

指の先までピンと伸ばして体をほぐす。

馬上体操を行うときは、きちんと指の先まで伸ばし、体の筋をほぐしていくように心がけましょう。馬に乗るという特殊なスポーツですので、今まであまり使わなかった筋肉を使うことも多いです。ひどい筋肉痛や不慮のけがを防止する意味でもしっかりと行うことが重要です。

POINT. 2

鞭を掲げるなど馬を驚かせる行動には注意。

調馬索を使って馬上体操のレッスンを行うことも多いかと思いますが、馬をびっくりさせるような行動をとると、突然走りだしたりすることも考えられます。特に鞭を持って騎乗しているときは、手を挙げる方向の逆の手で握るなど、その扱いには注意しましょう。

POINT. 3

体を伸ばす時は中途半端にせずしっかりと伸ばす。

動いた馬の上で馬上体操を行うときは、うまくバランスがとれず、中途半端な腕の伸びになってしまうことがよくあります。まずはきちんと騎座を安定させ、体のバランスを確認した上で、全身の動きを意識しながらしっかりと伸ばしていくことが大切になります。

上達のポイント

NO. 28

軽速歩を正しく行うための

姿勢やリズムをとるコツを確認する。

2拍子のテンポをとりながら
リズミカルに運動を続ける。

常歩のときに脚で腹部を圧迫すると、速歩へと歩様がかわります。常歩よりもスピードが上がり、テンポも速くなりますので、慣れないうちはなかなかリズムを取りづらいかと思います。速歩では馬の背中から大きな上下の揺れを感じますので、まずはこの反動にうまく合わせていかないといけません。そのため、初心者のうちは、軽速歩で馬の反動を抜く感覚を覚えます。馬の背中が上下に動くのに合わせて、**腰を上下させて1・2・1・2のリズムで**運動を続けます。正しい鐙の踏み方や姿勢を確認して、テンポよく、無理なく運動できるように練習していきましょう。

ココをマスター

正しい軽速歩の姿勢・リズムをチェックする。

できるポイントを徹底チェック!

軽速歩では2拍子のリズムとともに、きちんとした姿勢を保てているかが重要なポイントになります。基本的な動きを見ながら、姿勢やバランスを崩さず運動を続けられるよう、繰り返しイメージしていきましょう。

POINT. 1
立つ・座るをリズミカルに続けられるように。

馬の上下に合わせて2拍子の運動を続けます。背中の反動をうまく抜くように、鐙の上に立ち上がったり座ったりを続けますが、この2拍子のリズムがうまく取れないと、バランスを崩してしまったり、馬に余計な負担をかけることになりますので気をつけましょう。

POINT. 2
座るときには深くかけすぎない位置を意識する。

座るときに気を付けるポイントは、深い位置に腰掛けないこと。普段は鞍の前橋に腰掛けられている人でも、軽速歩でリズムやバランスを崩してしまうと、尾てい骨をつけるような座り方になってしまい、タイミングよく立てなくなってしまうことがあります。

POINT. 3
立つ時には頭、腰、脚のラインを確認する。

きちんとした姿勢で立つことは、リズムよく軽速歩を続けるために大事なことです。頭、腰、脚の位置に意識を置き、体のラインが地面に向けて一直線を描けるような立ち方をイメージしていきましょう。脚や拳などに余計な力が入らないようにも気をつけます。

上達のポイント

NO. 29

軽速歩の動きやポイントを、

家でできる練習法で確認する。

軽速歩のタイミングと
姿勢、動きを確認していく。

軽速歩では、立ったり座ったりする運動を繰り返し行います。慣れないうちは、家などでできる簡単な練習法でイメージを掴んでいくといいでしょう。まず、**鐙をしっかりと踏んだ状態をイメージして、つま先立ちの状態で正座の姿勢**を作ります。ここで座ったときの感覚をつかみ、その後、腰を前に上げながら立ち上がった時の感覚を覚えていきます。馬の上では座った時に深く腰掛けてしまうと、鐙の上に立ち上がる運動を繰り返すことができなくなります。軽く腰掛けるイメージ、背筋を伸ばしてタイミングよく上下する感覚を意識するように心がけましょう。

ココをマスター

家で簡単にできる
軽速歩のレッスン
を覚える。

できるポイントを徹底チェック!

軽速歩のリズムをつかむためには、家でできる簡単なレッスンを実践してみるといいでしょう。立ち上がったり、座ったりするタイミングをつかみながら、鐙をしっかり踏むイメージ、正しい姿勢の確認なども行えます。

POINT. 1

つま先は鐙を踏んでいる感覚をイメージ。

軽速歩では鐙の上に立つ動作が欠かせません。動いている馬の上で立つためには、しっかりとした位置で鐙を踏むことが必要です。立ったり、座ったりの動作を繰り返しながらも、鐙を正しい位置で踏めるようなイメージをきちんと確認しておくようにしましょう。

POINT. 2

腰掛けすぎない座り方の感覚をつかんでおく。

鐙の上にしっかりと体重がかかる感覚をつかむとともに、深く座りすぎて鞍の後橋に尾てい骨付近がこないよう、鞍の前橋あたりに軽く座る感覚をイメージしてトレーニングしましょう。座るのと同時に腰が曲がったり、姿勢が崩れないように意識することも大切です。

POINT. 3

立ち上った時の腰と頭のバランスを確認しておく。

鐙の上に立ち上がった時には、頭から腰、脚にかけて一直線になるように意識します。このバランスが崩れてしまうと、軽速歩でうまく立てなくなり、手綱を引っ張って立ち上がろうとしたり、サドルホルダーがないと立ち上がれないといった状況になってしまいます。

上達のポイント

NO. 30

軽速歩を行っているときに、

座りはじめたときに
脚をお腹へと動かし始める。

軽速歩を行っているときでも、ほかの歩様の時と同様に、お腹を圧迫しなければいけません。軽速歩では立ったり座ったりを繰り返しますが、立った状態のときには、足を自由に動かすことができませんので、蹴ることはできません。ようするに、座った時しか脚は使えないわけです。まずは立ち上がり、次に座り始めたときに、馬のお腹に踵がつくようにしていけば、扶助を与えることができます。**座りはじめてから、お尻が鞍につくスピードと、足を動かし始めて、馬のお腹に踵がつくスピードを同じに**すれば、座った時に踵がついた状態を自然につくることができます。

ココをマスター

軽速歩のときの脚の使い方をマスターする。

できるポイントを徹底チェック!

軽速歩では、鐙に立っている状態では足が自由に動きませんので、必然的に脚でお腹を蹴ることはできません。座った時にいかにうまく蹴るのかがポイントになりますので、そのタイミングをしっかりと確認しておきましょう。

POINT.1

拳や姿勢の正しい位置の確認が大事。

まず正しい姿勢の軽速歩かどうかをチェックします。鐙の踏み方が間違っていたり、正しい姿勢で運動が行えていないと、立っているときばかりか、座っているときの脚も自由が利かなくなってしまいかねません。まずは姿勢をもう一度確認するところから始めましょう。

POINT.2

座ったときにお腹を蹴るタイミングで。

座り始めたときに、同時に足を動かしはじめ、ちょうど座った時に踵が馬のお腹についているような動きを意識します。立ち上がる→座るという一連の動作のスピードと合わせながら、うまくお腹に踵を持ってこられるタイミングをつかむように練習してみましょう。

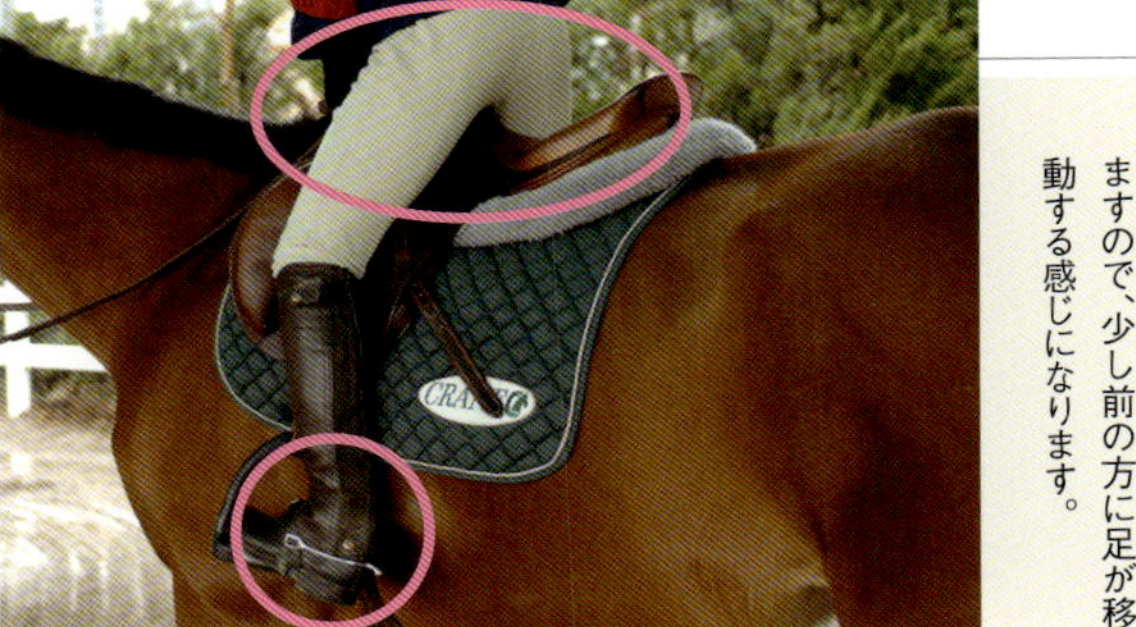

POINT.3

座り始めた時に足を移動させ始めるようにする。

軽速歩で立ちあがった状態のときには、完全に馬のお腹から脚が離れた状態になっています。そこから、座ったときに踵が馬のお腹につくように移動させていきます。座った状態から立ち上がる時には元の位置へと戻しますので、少し前の方に足が移動する感じになります。

NO. 31

サドルホルダーがないと

立てない人は、体のバランスを見直す。

まずは姿勢を直すことから。
立ち方だけでなく座り方も大切。

軽速歩の時、サドルホルダーをずっと持っていないと、うまく立ったり座ったりできないという人がいます。そういう場合は、**まずバランスがしっかりとれていないことが原因**です。正しい軽速歩をとれるバランスではないわけです。このとき、少し重心が後ろにいってしまっているパターンがよく見られます。また、逆に前に行き過ぎているという場合もあります。足が突っ張ったような感じになってしまい、前に行き過ぎてしまっていて腰が浮かない、浮きづらいという状態ですね。このようなパターンになっていると、サドルホルダーを持っていないと、どうしても立ちづらくなってしまいます。

ココをマスター

サドルホルダーなしで軽速歩ができるようになる。

できるポイントを徹底チェック！

軽速歩を正しくとることが、サドルホルダーなしで立ち上がるための大切なポイントです。まずは自分がどのような体勢になっているのかをしっかりと把握した上で、正しい立ち方・座り方を押さえておくようにします。

POINT. 1

まずは自分がどのような姿勢なのかを知る。

軽速歩では立ったり座ったりを繰り返すため、姿勢が崩れてしまうことが少なくありません。まずは自分の姿勢がどのように崩れているのかを把握するようにしましょう。体の中心線を意識し、それよりも前かがみなのか、後ろに偏っているのか。現状の確認が第一です。

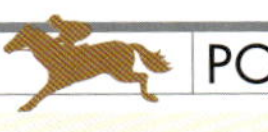

POINT. 2

座るときには股関節を曲げるのが重要なポイント。

立つ練習はよくしますが、座り方をしっかり理解することも大切です。座るとき、股関節を伸ばしたまま膝だけを曲げると、そのままバランスが後ろにいってしまいます。このとき、膝だけでなく股関節もしっかり曲げることが大切。これで立ちやすい座り方を作れます。

POINT. 3

立つ時には膝下を動かさず一直線になるように。

立つ方向は、膝から下のラインに、ふとももののラインを合わせていくイメージになります。膝下は動かさず、そこから伸びるラインを意識して立ち上がります。写真のように、足が一直線に近づくようになれば、きちんと軽速歩がとれるようになるはずです。

COLUMN 4

馬体の名称を覚える

乗馬の練習を進めるためには、馬の各部位の名称を覚えておくことも重要です。上達を早めるためにも、しっかりと名前を確認しておきましょう。

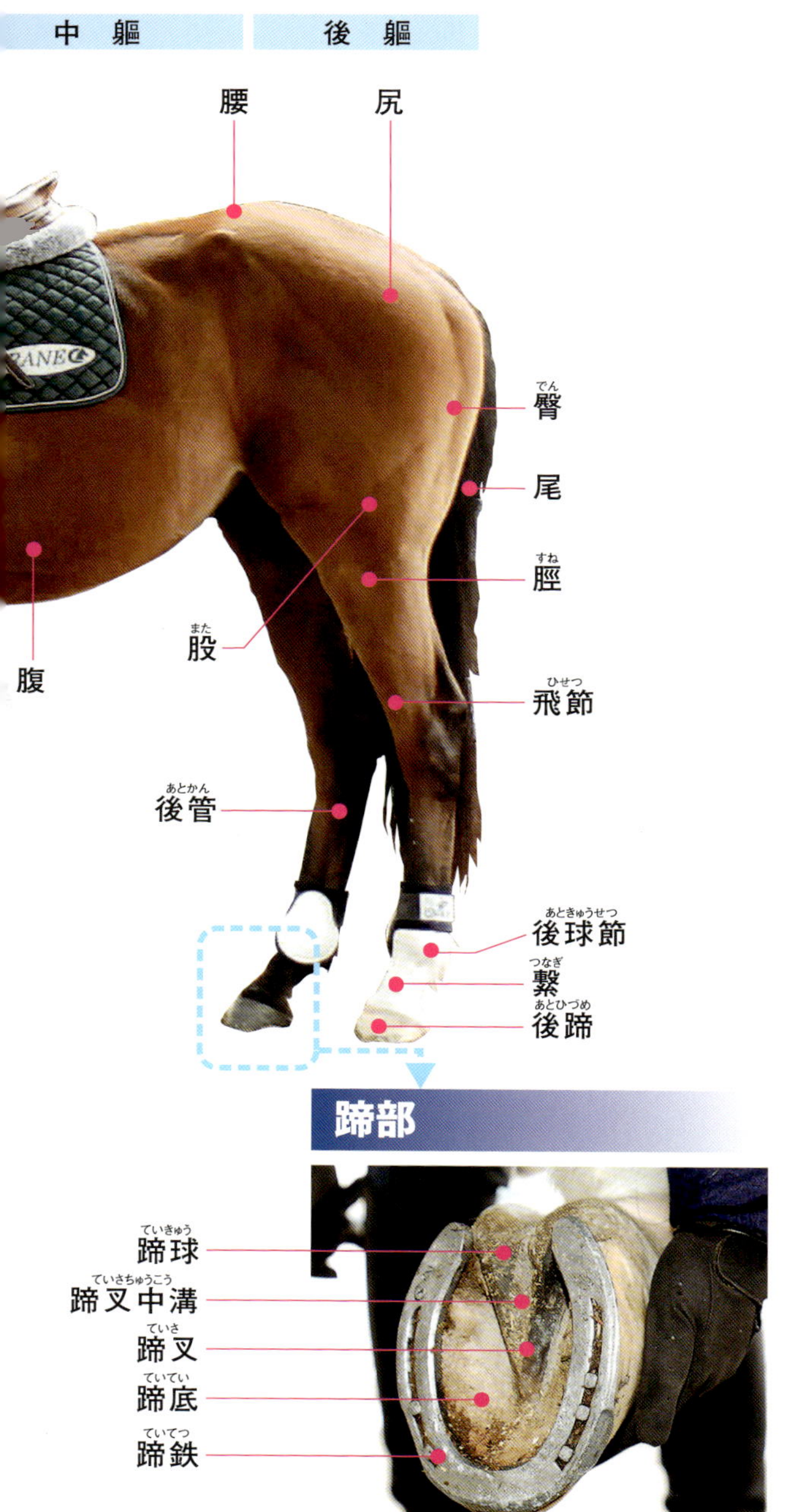

馬体

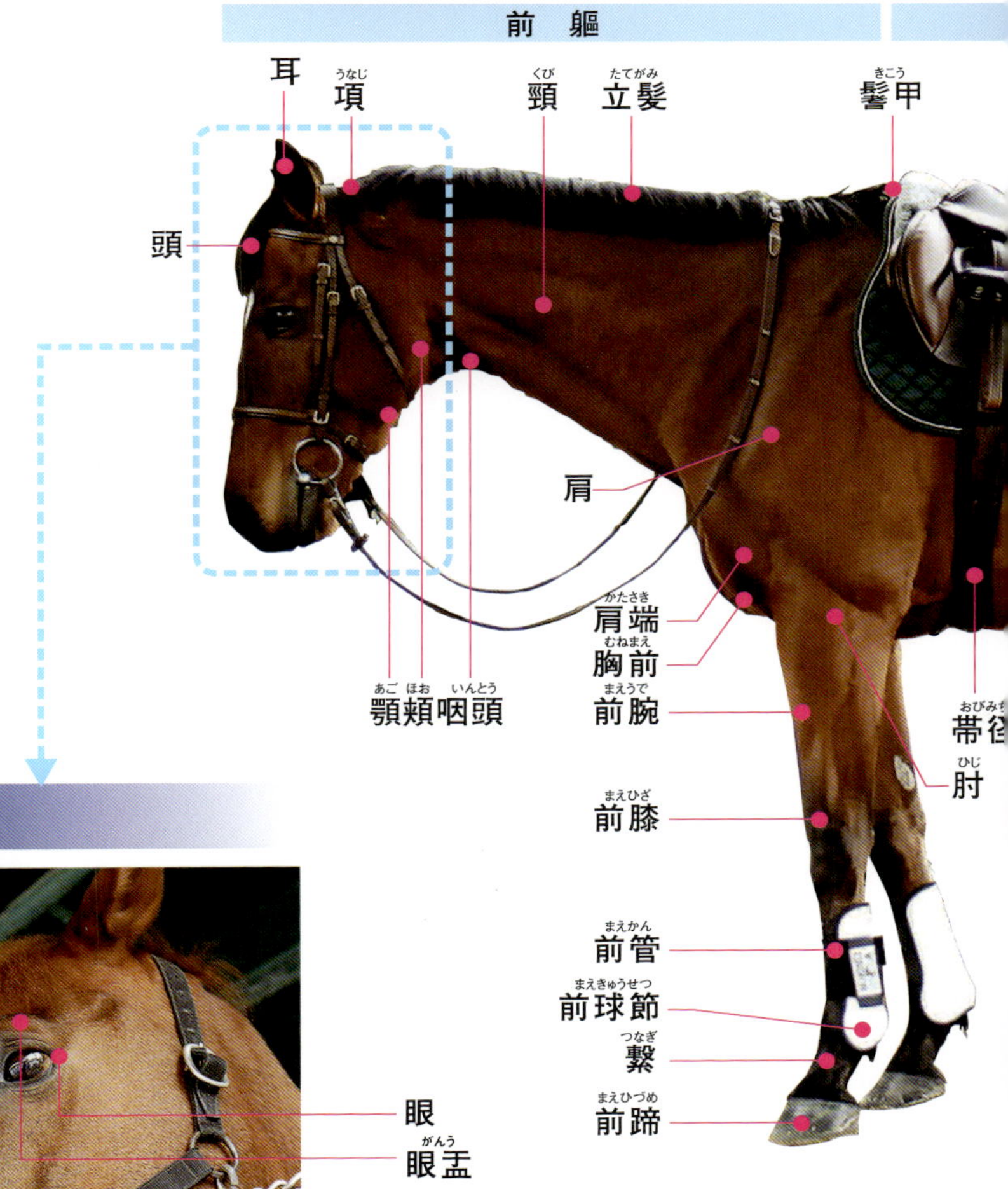

頭部

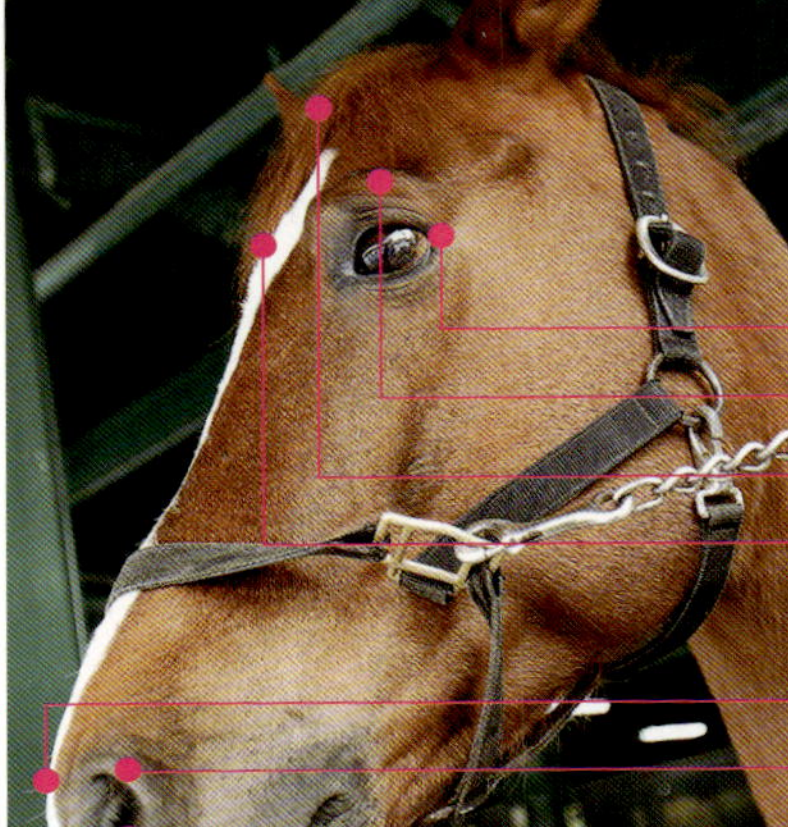

馬具の名称を覚える

乗馬にはさまざまな道具が使われます。馬具を間違いなく装着するためにも、正確な名称をきちんと覚えておくようにしましょう。

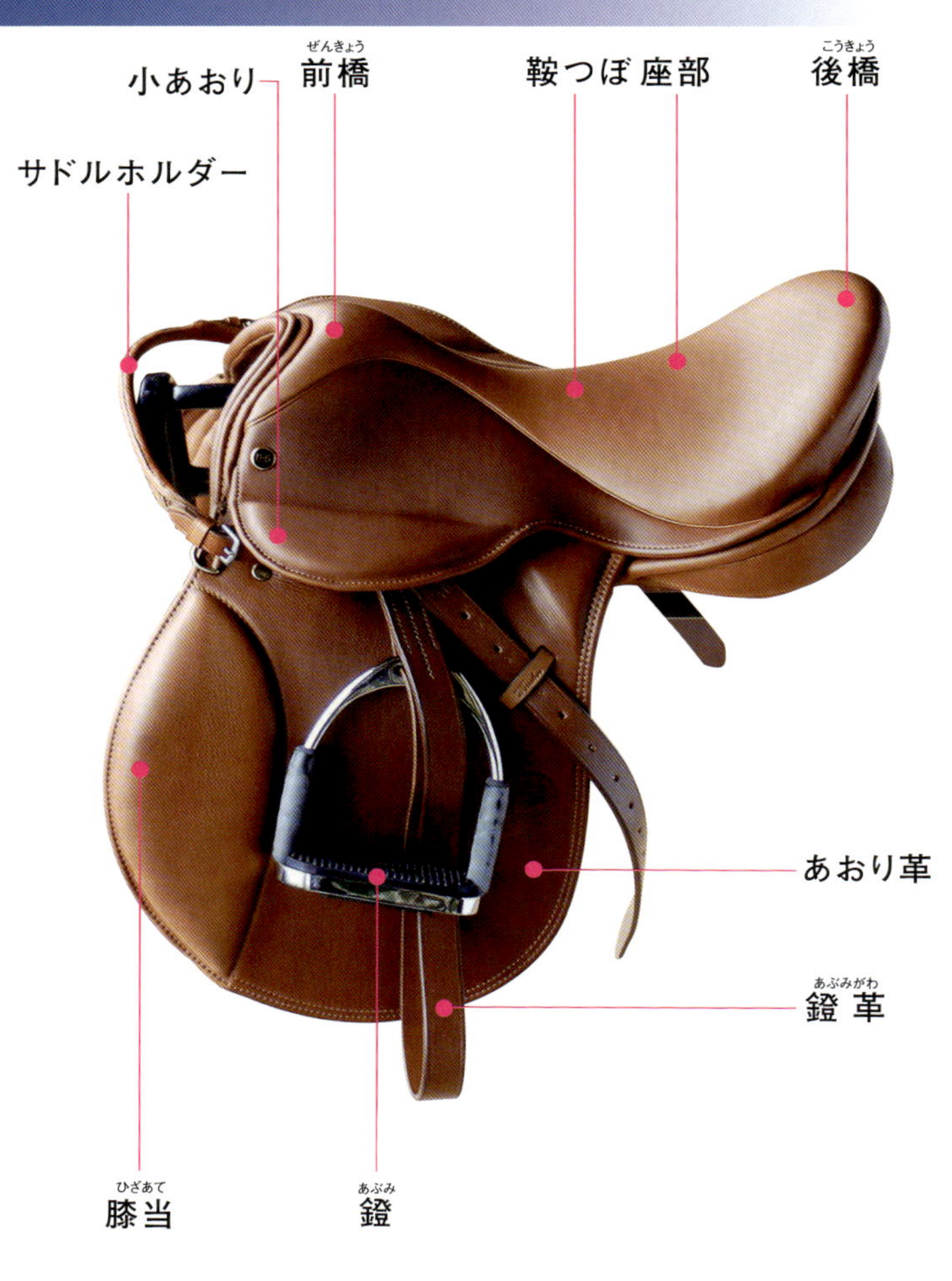

水勒

プロテクター

前肢

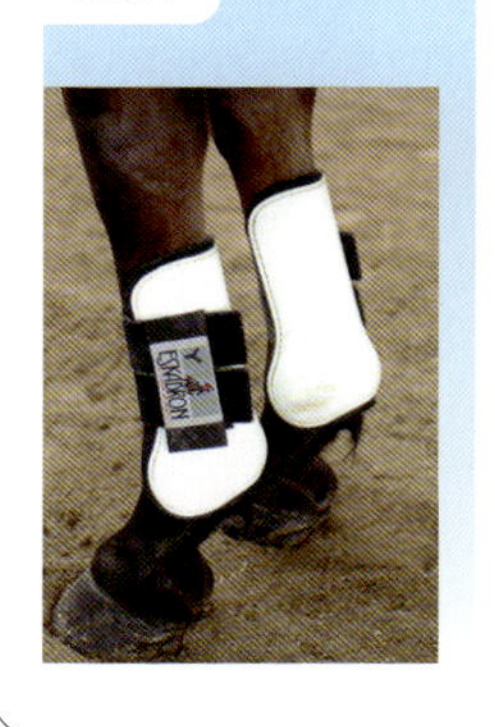

後肢

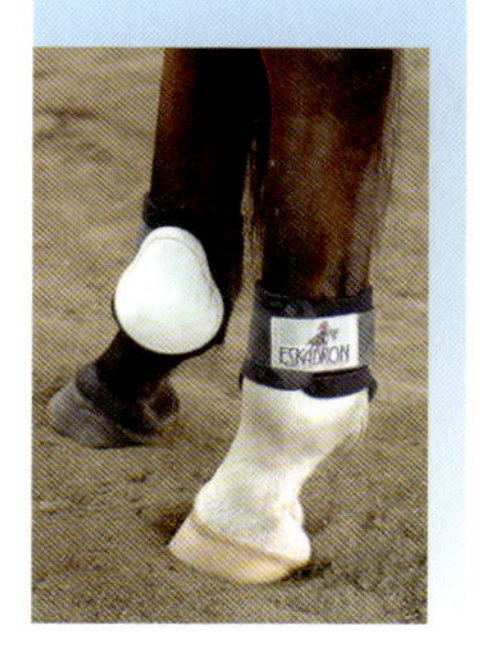

鞍

障害馬術用

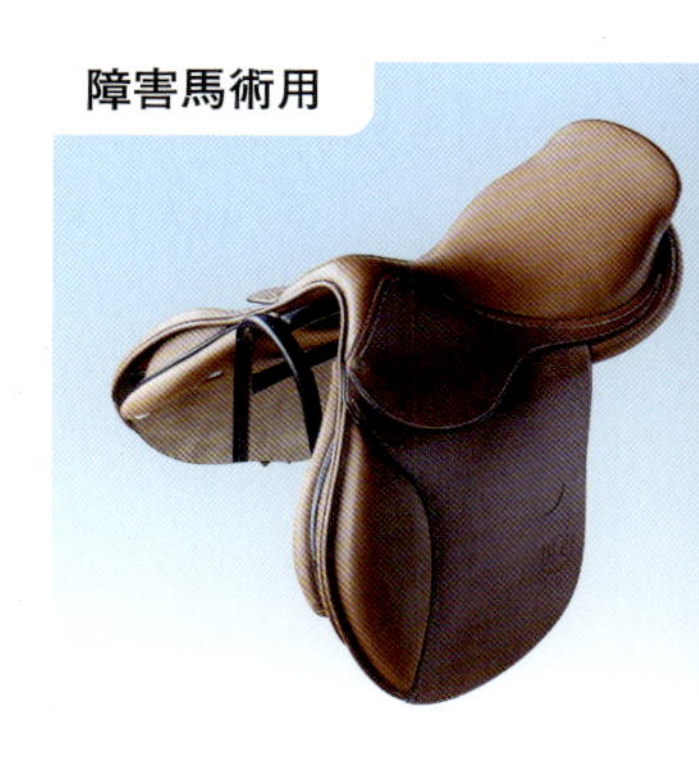

馬場馬術用

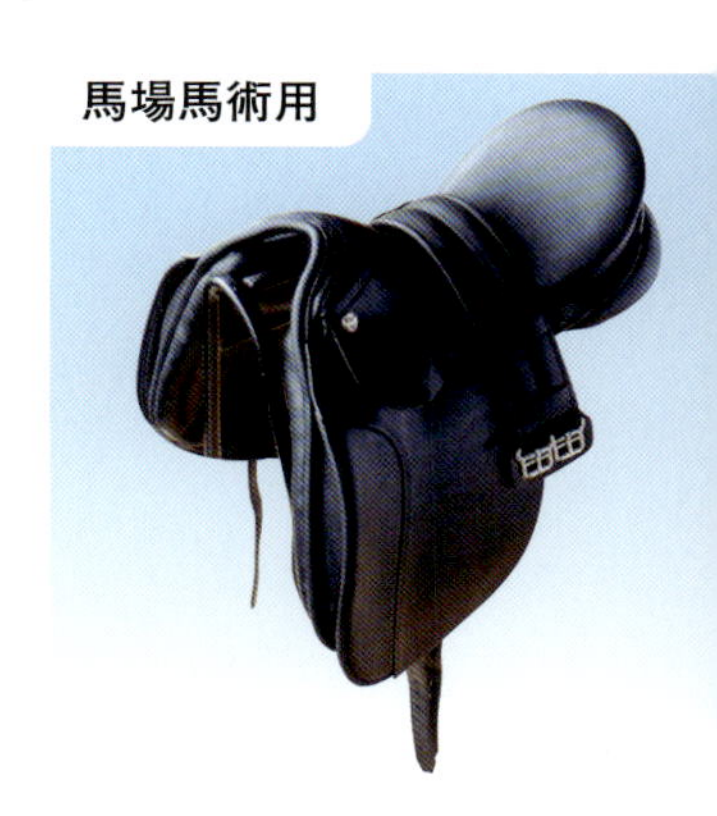

腹帯託革（はらおびたっかく）

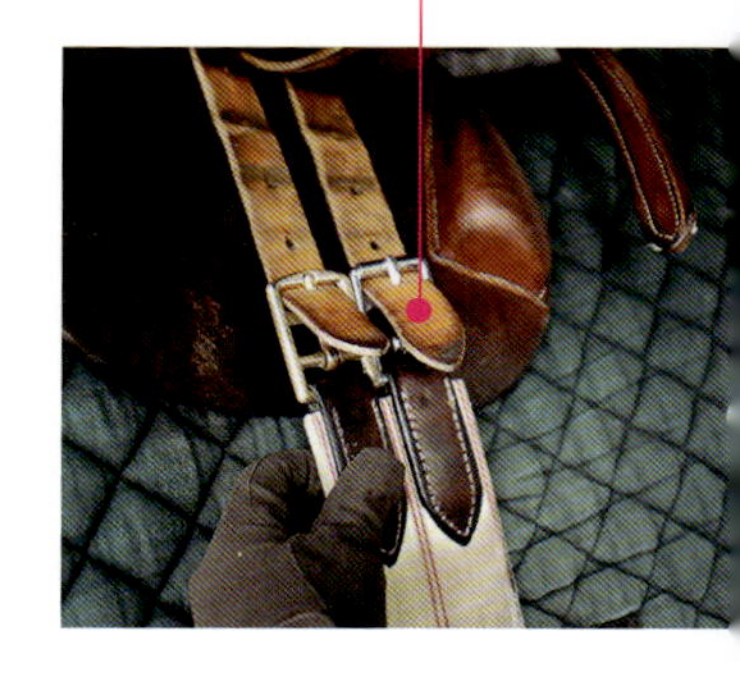

快適な乗馬のための服装

馬に道具を装着するだけではなく、騎手もきちんとした服装をすることが乗馬の基本。動きやすく、乗馬の運動に適した格好をすることが大切です。

より快適で安全な乗馬のために

乗馬の服装は、人が安心して馬に乗れるように作られています。乗馬もスポーツですから、運動がしやすい格好であることが必須ですが、特に頭を保護するヘルメットは重要な役割を果たします。頭にぴったりと合うようなサイズを選び、ケガや事故を未然に防ぐように心がけましょう。

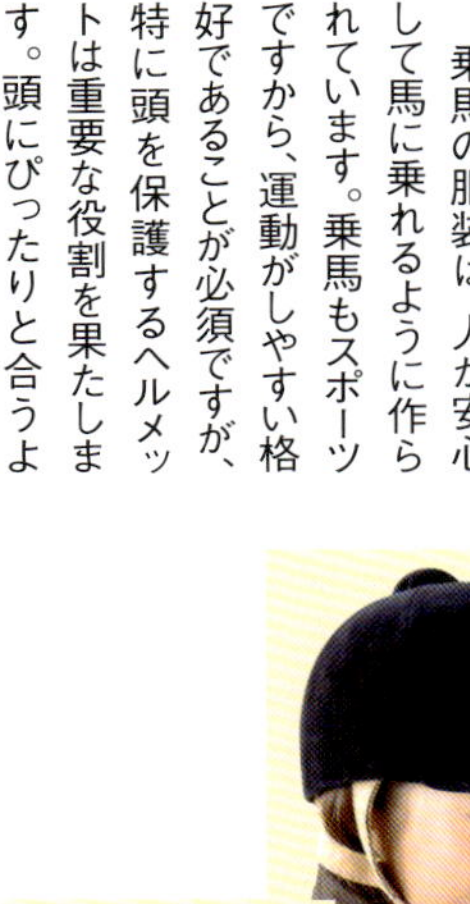

頭

頭にはヘルメット（猟騎帽）を装着します。頭から落ちないようにあご紐のついたもの、品質の確かなものを選ぶようにしましょう。

手・体

手綱で手を傷つけないように装着する手袋は、手綱の微妙な感触が分かるようにぴったりのサイズを選びましょう。また、上半身に動きやすいジャケットを着ていると、落馬した際の衝撃を和らげてくれます。下半身には、ひだや継ぎ目がなく、足の内側を当て布で補強したキュロットなどを身につけます。

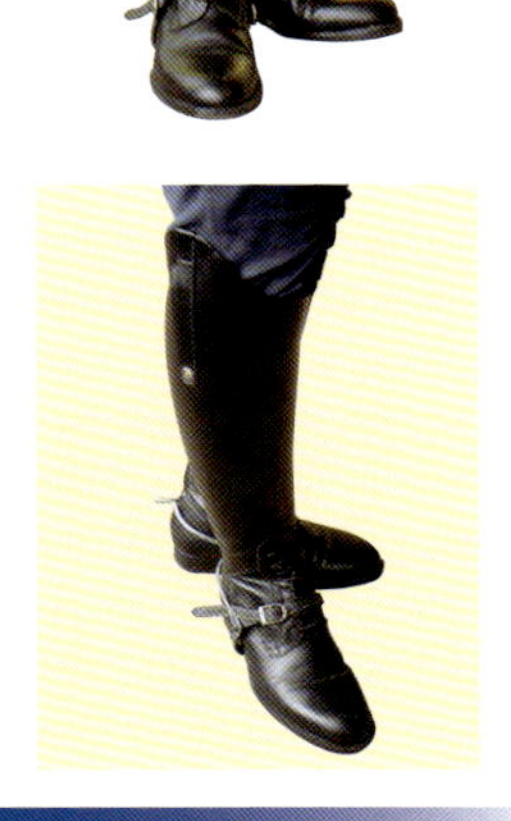

足

足を保護するためのブーツ（長靴）を履きます。足をきちんとサポートするためにも、ぴったり合うサイズのものを選びましょう。ゴム製と革製のものがあります。

馬場での練習の注意点・駈歩のコツ

馬場でレッスンを行うときの注意点を確認。また、駈歩をうまく行うためのポイントを紹介していきます。

上達のポイント

NO. 32

常歩のときの手綱は、力を抜いて前進を妨げないように。

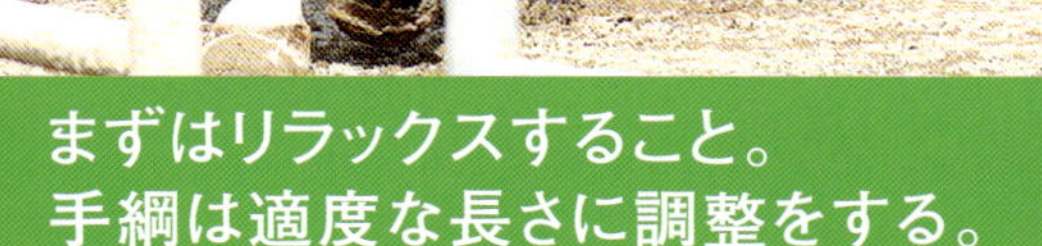
まずはリラックスすること。
手綱は適度な長さに調整をする。

ゆっくりとした歩みの常歩は、馬の4本の肢が1・2・3・4と順番に出る4拍子のリズムになります。常歩の速度は普通1分間で110mぐらい。騎手はゆったりとした横揺れを感じます。まず馬上ではリラックスすることを心がけ、体重を馬にあずけるようにします。緊張していると馬とのリズムがくずれてしまいますので、余計な力を抜いて、馬の揺れに対して自分からついていくようにし、人馬のリズムをうまく保つようにしましょう。また、**手綱が短すぎると、頸を伸ばしながら進む馬の動きを妨げてしまう**ので、適度な長さに注意するようにしましょう。

ココをマスター

常歩のときの手綱の持ち方や注意点をチェックする。

できるポイントを徹底チェック!

常歩は人も馬もリラックスした状態を保つことが大切。手綱の長さを調整し、頸を伸ばしながら歩く馬の前進を妨げないようにします。このとき、肘や股関節を柔らかくし、動きにうまくついていくようにするのがポイントです。

POINT. 1 ゆったりと馬の動きに体を預けるように。

常歩の運動では、体の力を抜き、リラックスすることを大切に。馬にとっても常歩はリラックスできる歩様です。運動中の休みにも取り入れられるものですので、馬とは軽いコンタクトを取りながら、のびのびと歩かせてあげられるように心がけましょう。

POINT. 2 馬の前進を妨げないような長さを保つ。

馬がのびのびと歩くのを妨げないように、手綱は柔らかなコンタクトを保ちながら、ゆったりとした長さを持つようにしましょう。肘は力を抜いて柔らかく、腰の関節は馬の揺れを吸収することを意識しましょう。背筋をまっすぐにすることも忘れないように。

POINT. 3 手綱が短すぎるとリラックスした常歩を妨げてしまう。

手綱をあまり短く持ってしまうと、写真のように、馬の首があがり、常歩での前進を妨げてしまいます。馬の歩く速さに合わせ、肢の運びを感じながら1・2・3・4を声を出してリズムをとると、よりリラックスしやすいと思います。

上達のポイント

NO. 33

軽速歩の動きに合わせて、

拳が上下しないようにする方法を考える。

まずは鐙に立てるバランスを。
手綱は肘や肩を使ってゆったりと持つ。

調馬索での練習とは違い、自分で馬を動かすことになると、手綱の操作も意識しなくてはいけなくなるため、なかなか軽速歩をとれなくなる人もいます。手綱の位置は、体の動きとは切り離して考え、立っているときも座っているときも、一定の高さを保つように心がけます。特にビギナーの人だと、軽速歩でのバランスが固まっておらず、サドルホルダーの代わりに手綱を引っ張ってバランスを取ろうとしがちです。しっかりと鐙に立つことができれば、手綱を頼りにすることがなくなりますので、今一度姿勢を意識することを忘れないように。**拳は常にお腹の前でゆったりと保つ**のが基本です。

ココをマスター

軽速歩のときの拳の位置や手綱の持ち方を確認する。

できるポイントを徹底チェック！

拳を安定させて馬と良好なコンタクトを保つためには、まず体の姿勢・バランスをしっかりと維持すること。軽速歩では体を自分から上下させるため、バランスを崩してしまいがちです。腕全体を柔らかくしておくこともポイントです。

POINT.1 立った時に体と一緒に拳が上がらないように。

腕全体に力が入っていると、立ち上がるのと同時にどうしても拳まで上に上がってきてしまいます。拳は手綱を握りますが、それ以外の腕の部分は柔軟性を意識して、ゆったりとした状態にしておくことが肝心。肘の伸縮をうまく使い、拳の位置を安定させるようにします。

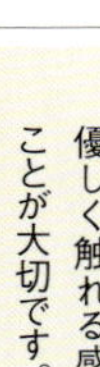

POINT.2 常にコンタクトを一定に保つように意識しておく。

立ったり座ったりを繰り返しますので、どうしても手綱を引っ張ったり、緩めたりという動きを繰り返してしまいがちです。馬の口角とは一定のコンタクトを保つように心がけましょう。はみの感触を手綱で感じながら、優しく触れる感覚を意識することが大切です。

POINT.3 バランスを取ろうと手綱を引っ張って立ってしまう。

軽速歩でのバランスが取れないうちは、写真のように、どうしても手綱を引っ張って立とうとしてしまいます。鐙にしっかりと立てない状態だと、このような体勢の軽速歩になりますので、立った時の姿勢をもう一度見直し、鞍の後橋あたりに腰掛けていないかを確認してください。

上達のポイント

NO. 34

開き手綱は引っ張るのではなく、

肩から弧を描くように横に移動させる。

拳は横に移動させるイメージ
徐々に方向を変えていくように。

開き手綱では、進行方向の内側の手綱を開けることで、馬の頭を曲がりたい方向へと向けていきます。通常の**拳の位置から、肩を支点にして弧を描くように開いていきます**。反対の拳は、馬の頸の付け根に置くようにし、首の中央線を越えないように気をつけます。手綱を引っ張ってしまうと、急なブレーキがかかって馬の前進が止まってしまったり、頸だけが曲がってしまい、いきたい方向へとうまく進めないようになってしまいます。また、馬を曲げるときには、手綱の操作によって少なからず推進力が弱まります。馬をしっかり歩かせながら、徐々に方向を変えていくようにしましょう。

ココをマスター

正しく開き手綱を使う方法をマスターする。

できるポイントを徹底チェック！

行きたい方向に馬を向けようと意識するあまり、手綱を引っ張ったり、体を曲がりたい方向に傾けてしまいがちです。体の姿勢を保ち、曲がりたい方向にスペースを作るイメージで、馬の頭と頸をうまく誘導していきます。

POINT. 1

肩を支点にして拳を横へと開くように使う。

普段の拳の位置を基準に、肩や胸を開くようにして拳を横へと移動させます。このとき、特に手綱を引く必要はありません。一方、反対側の拳は、開いた手綱と対照的に馬の頸を押すような感じで維持しましょう。はみを起点に三角形をつくるようなイメージになります。

POINT. 2

引っ張るのではなく横に移動させるイメージで開く。

拳を開くのではなく引っ張ってしまうと、写真のように馬の頸が極端に曲がってしまいます。こうすると馬の前進を妨げてしまい、その場で止まってしまうことになります。手綱を引くのではなく、横に移動させて馬の頸との間にスペースを作るようにするのがコツです。

POINT. 3

反対の手綱を曲げたい方向へと移動させない。

曲げたいという意識が強いあまり、反対の手綱まで曲げたい方向に引っ張ってしまっています。こうなると、騎手の体まで曲げたい方向へと重心が傾いてしまい、余計に曲がりたい方向へと進まなくなります。反対の手綱は馬の中央線をまたがない程度に保つように。

上達のポイント

NO. 35

遠心力がかかる円形馬場でも

バランスを崩さず練習する方法を学ぶ。

しっかりと両足に体重をかける。
必要以上に視線を落とさないように。

円形馬場で練習するときには、速歩、駈歩と運動のスピードが上がっていくと、どうしても遠心力がかかってきます。このとき、体のバランスを保とうと、内側に極端に傾いてしまうと、馬にも騎手の体の偏りが伝わり、馬のバランスを崩してしまいます。**鐙を踏む脚を意識し、しっかりと両足に体重をかけていくように**しましょう。また、円形の内側に視線を落としてしまうと、どうしても体が傾いてしまいますので、視線を高い位置に保ち、体はしっかりとまっすぐを維持すること。進行方向を見るときには、首だけを曲げて確認するようにすれば、体のバランスを崩さずにすみます。

ココをマスター

円形馬場でのバランスの保ち方を覚える。

できるポイントを徹底チェック！

遠心力がかかっても、体のバランスのとり方は変わりません。頭から腰、脚、踵にかけての直線をイメージし、左右に体がぶれないように気をつけます。上半身は余計な力を入れないように。高い視線を保つこともポイントです。

POINT. 1 円形馬場で運動するときの特徴をつかんでおく。

円形馬場ではどうしても外側への遠心力がかかります。運動を始める前には、このことをキチンと理解しておくようにしましょう。何も意識せず円形馬場での練習を始めてしまうと、外側にかかる遠心力に驚いてしまい、体が強張って余計にバランスを崩してしまいます。

POINT. 2 普段通りの姿勢・バランスを維持できるように。

円形馬場でも普段通りの姿勢を保てるようにするのが基本です。内側の脚と外側の脚をバランスよく踏めば、遠心力も気にすることなく姿勢を維持できるはずです。頭から腰、脚までを一直線にする感覚、背筋をまっすぐに保つイメージをいつも以上に意識してみましょう。

POINT. 3 バランスを保とうと体を内側に傾けないように。

特に駈歩などでスピードが速くなると、上半身は斜め前方に傾いてくるケースが多くなります。体の傾きでバランスをとるイメージから一旦離れるようにしましょう。馬の背中に垂直に体重がかかるのを感じながら運動を続けられるように心がけていきましょう。

上達のポイント

NO. 36

蹄跡行進、隅角の曲がり方など

ポイントを押さえて四角馬場での練習へ。

各歩様での練習を繰り返し
スピード、バランスを一定に。

四角馬場での練習では、円形馬場とは違い、馬を図形通りにうまく誘導することが必要になってきます。四角い馬場の柵に沿った内側60cmの部分を蹄跡（ていせき）、その蹄跡が創る4つの角を隅角（ぐうかく）と呼びます。自分で馬を操作するようになると、予想以上にスピードの調整やまっすぐ動かすことに戸惑うはず。常歩、速歩、駈歩の各歩様でじっくりとコツをつかむように練習しましょう。発進、停止や、歩様の変換などは、蹄跡上で行うのがスムーズだと思います。**隅角を曲がるときには、進入するときの角度がポイント**。急角度にならないように馬を誘導しましょう。

ココをマスター

四角馬場で練習を行うときの注意点とその対処法を学ぶ。

できるポイントを徹底チェック！

まずはしっかりと図形を描けるように練習していきます。騎手が同じリズムを保てていないと、馬の腰がずれたまま進んでいったり、蛇行したりしてしまいます。馬のスピード、リズムを一定に保つように心がけましょう。

POINT.

柵の内側60cmぐらいを通る蹄跡行進。

柵の内側60cmの線上を蹄跡といい、さまざまな運動の練習を行う基本になります。まずはこの蹄跡をしっかりとイメージして馬を誘導できるように心がけましょう。特に最初のうちはまっすぐに進ませるのも難しいはず。バランスを保ち、スピードを一定に調整するように努めます。

POINT.

隅角では馬を進入させる角度がポイント。

人間の感覚とは違い、馬は体が縦に長いため、あまり急激な角度で隅角に進入すると、バランスを崩してうまく曲がることができません。早めに隅角を意識し、内側の手綱と脚で馬体を回転にあわせて曲げるようにしながら、しっかりとした位置まで誘導するようにします。

POINT.

しっかりと隅角を通るように内方脚を意識。

特に部班での練習で見られますが、馬が前方の馬につられるように、隅角から離れた内側を通ることがあります。こんな時は、内側の脚を意識してしっかりと隅角まで誘導するように心がけましょう。隅角では推進力も弱まりがちですので、スピードを保つことも重要になります。

上達のポイント

NO.37

レッスンをうまく進めるためにも、

事前に号令をきちんと理解しておく。

事前に号令を理解しておけば
馬上でもリラックスできる。

調馬策で基本的な練習を行い、1人で馬に乗ってレッスンを行う際には、インストラクターからの指示に従って、馬の歩様を変えたり、各運動を行うための扶助を自分だけで出していかなくてはなりません。そのため、インストラクターから出される指示をしっかりと理解し、**その通りに扶助を出せるように、どんな号令があるのかを事前に把握しておくことが大切**です。1人で乗るときには、その日の馬の調子や馬場の状態などにより、さまざまなことが起こります。リラックスした練習を行うためにも、練習が始まる前に、どんな号令がかかるのかを頭に入れておくようにしましょう。

ココをマスター

各歩様を行うときの号令をしっかりと覚える。

できるポイントを徹底チェック！

ここでは各歩様を行うときの号令を確認していきます。どんな号令がかかるのかを事前に理解しておけば、急な指示にも落ち着いて対応できます。馬上で平常心を保つためにも、きちんとチェックしておくようにしましょう。

POINT. 1

練習の最初は「常歩すすめ」からスタート。

レッスンを始めるときは、基本的に常歩からスタートします。まず「常歩すすめ」という号令がかかり、その後、ゆったりとした常歩を行うようにします。特に焦ったりする必要はありませんので、心身ともにリラックスさせ、しっかりと馬を前進させるようにしましょう。

POINT. 2

次に「速歩すすめ」で速歩を行っていく。

1人で馬を誘導するのに慣れてきたら、今度は速歩の練習を行うようになるかと思います。「速歩すすめ」の号令とともに、速歩を行っていきます。このとき、常歩よりも大きな推進力が必要になってきますので、しっかりと確実に扶助を出せるようにしましょう。

POINT. 3

そして「駈歩すすめ」で駈歩の練習へ。

そして「駈歩すすめ」の号令とともに、駈歩へと移行します。駈歩発進は、内側・外側それぞれの脚を使ってしっかりと扶助を行う必要があるため、最初のうちはなかなかうまく移行できないことが多いです。速歩のときから、あせらないように心の準備をしておきましょう。

上達のポイント

NO. 38

図形を描く練習でよく出てくる

号令をしっかりと把握しておく。

号令に対する扶助の与え方を
イメージしておくとスムーズ。

ここでは馬場での図形練習の際に出される号令を覚えていきます。1人で馬に乗るようになると、正しく馬を誘導できるようになるために図形を描く練習をしていきます。練習ではより微妙な扶助を要求されることになりますので、どんな号令がかかったときに、どんな図形を描くのかをしっかりと確認しておきます。慣れないうちは、馬上でバランスを保てなかったり、うまく誘導できないことで焦ってしまい、インストラクターからの指示と違った運動をしてしまいがち。号令にきちんと反応できるように、**号令に合わせてどのような扶助を与えていけばいいのかイメージを固めておく**といいでしょう。

ココをマスター

図形練習でよく出てくる号令を頭に入れておく。

できるポイントを徹底チェック!

ここでは練習の基本となる号令を覚えていきます。四角馬場の柵沿いを進む「蹄跡行進」、大きな円形を描くように馬を誘導させる「輪乗り」、馬場を対角線上に進んでいく「斜めに手前を変え」などさまざまな号令があります。

POINT. 1

レッスンの基本となるのが「蹄跡行進」。

四角馬場での練習の基本となるのが「蹄跡行進」です。まず練習を始めるとき、輪乗りを続けているときなどにこの号令がかかることが多いでしょうか。あわてて蹄跡へと向かう必要はありませんので、タイミングを見計らって馬場の柵から60cmの線上へと移行していきます。

POINT. 2

「輪乗り」の号令で大きな円を描く運動へと移る。

馬場の端から端までを使って、大きな円を描くように進むのが輪乗りの運動です。インストラクターからは「輪乗り」と号令がかかりますので、拳と脚の扶助をしっかりと意識して、同じスピードを保てるように練習を行っていきます。

POINT. 3

対角線上に移動し逆まわりになる「斜めに手前を変え」。

「斜めに手前を変え」という号令がかかったら、馬場の隅角から対角線上の隅角に向けて斜めに進み、今までとは逆まわりにしていきます。蹄跡行進とは違い、馬をしっかりとまっすぐに誘導させる必要があります。対角線上の隅角へときっちりと進めていきましょう。

上達のポイント

NO.39

速歩の正反動をうまく抜くには、

膝や股関節を柔らかく使うこと。

姿勢を安定させるために
脚、腰、股関節の使い方を意識。

速歩では、軽速歩とは違い、座ったままで馬の動きについていきますので、馬の反動をそのまま受けることになります。これを正反動と呼びますが、速歩での速い反動をうまく受けていくのは、それなりの経験とコツが必要になってきます。今まで以上に安定した騎座を要求されますので、しっかりとポイントを押さえて繰り返しレッスンを行っていきましょう。まず重要なのは、馬体にぴったりと密着させるような感覚を保つこと。**脚は力を抜いて、踵をしっかりと下げていきます**。そして、膝や股関節をやわらかく使って反動を抜くようにすれば姿勢を安定させることができます。

ココをマスター

速歩の正反動での姿勢の保ち方をマスターする。

できるポイントを徹底チェック!

速歩の正反動にうまく対処するためには、まず速歩のスピードに慣れ、反動の特徴をしっかりと理解することが大切です。そして、いつも以上に体の柔軟性を意識し、腰や股関節で柔らかく反動を抜くように意識していきます。

POINT. 1

スピードのある上下の揺れが連続で起こる。

座ったままの速歩では、スピードのある上下の振動がずっと小刻みに続いていきます。まずは反動が来るリズムを理解し、馬の動きに遅れて、鞍の上で跳ねてしまい、ドスンドスンと衝撃を与えないように心がけます。ここでは身体を柔軟に保つことが一番のポイントです。

POINT. 2

反動を受けても左右前後に揺れずに姿勢を保つこと。

最初のうちは馬体の揺れに慣れることができず、どうしても姿勢が崩れやすくなりがちです。姿勢を崩したままで無理に運動を続けようとすると、姿勢に変な癖がついてしまうことにもなります。上体を起こしたままの姿勢をしっかりと保つようにしましょう。

POINT. 3

脚や腰、股関節を柔軟に保ち、反動を抜いていく。

速歩の正反動をうまく抜くためには、脚、腰、股関節を柔らかく保ちながら運動を行うことも重要です。このとき、踵、腰を下に沈めていくようにイメージし、重心を低くしていきます。脚が安定した深い騎座ができあがれば、速歩でも体のバランスがとれるようになります。

上達のポイント

NO. 40

ただ単に脱力するのではなく、

力をうまく使って正反動に対処する。

馬の体にまとわりつき
すぐに鞍に戻るイメージで。

ココをマスター

速歩の正反動での正しい力の使い方を理解する。

速歩の正反動に対処するためには、脚、腰、股関節などの柔軟性をうまく使うことが大切です。ただ、単純にリラックスして脱力しただけでは、かえって馬の反動によって上に突き上げられてしまい、ドスンドスンと大きく跳ねてしまうだけです。脚は内腿、ふくらはぎを意識し、馬体にまとわりつくように使います。反動をうまく抜くためには、反動で体が浮いたときに、**馬体にうまくまとわりつき、浮かされてもすぐに鞍へと戻るようなイメージ**で行ってみてください。こうすることで、上下の揺れで腰を跳ねられる状態を回避でき、バランスをうまく保つことができます。

できるポイントを徹底チェック！

上下の大きな反動があるため、速歩の正反動はなかなか難しいもの。関節などを柔らかく使うことが必要ですが、一方で、極端に脱力するのではなく、馬体にまとわりつくためにうまく力を使うことも必要になります。

POINT. 1

脚、股関節、腰をうまく使いながら馬体にまとわりつく。

脚、腰、股関節などは柔らかく使いますが、ただぶらりと脱力するのではなく、適度な角度を保ちながら、馬の体を包み込むようにしっかりと密着した状態を作ります。上体のバランスを意識しながら、まずはこのまとわりつく感覚をしっかりと掴んでいきましょう。

POINT. 2

上下の振動をしっかりと感じてリズムを保つ。

上下の振動は一定のリズムを刻み続けます。まずはそのリズムをしっかりと理解しましょう。上に突き上げる振動が伝わってきたときに腰を下ろすと、そのまま腰が跳ね上げられ、腰が落ちるときにまた上への振動とぶつかるという状態がずっと続くことになってしまいます。

POINT. 3

正反動を抜くコツは浮かされても早く落ちること。

正反動にうまく対処するためには、反動によって腰が突き上げられたときに、うまく馬体にまとわりついて、早く鞍に落ちるイメージで運動を行うことです。突き上げられても、すぐに戻ること。次の突き上げが始まる前に、鞍に早く戻るような感覚を意識してみてください。

上達のポイント

NO. 41

斜めに手前を変えるときには、

隅角での曲がり方をチェック。

2つの隅角、対角線での
誘導をしっかりと行うように。

「斜めに手前を変え」は、隅角から6mのところから、対角線上をまっすぐ進み、対角となる隅角の6m手前で蹄跡に入る運動です。これは、今まで右回りだったのを左回りへ、左回りだったのを右回りへと進行方向を変えるとともに、馬場のなかで柵に頼らずにまっすぐ進むための練習にもなります。ここでポイントとなるのは、**はじめの隅角をきちんと回るように注意すること、対角線上をしっかり直進すること、対角となる隅角でもきちんと回れるようにすること**です。特に隅角では馬が近道することが多いです。隅角を意識して正確な図形を描けるようにしましょう。

ココをマスター

斜めに手前を変えを正しく行う方法を覚える。

できるポイントを徹底チェック!

手前を変えるためには、描くべき図形をしっかりとイメージしておくことが大切です。写真をみながら、運動をはじめる場所、どのタイミングで誘導していけばいいのかなどをきちんと理解しておくようにしましょう。

POINT. 1

隅角を曲がり1馬身ぐらいで角度をつくる。

斜めに手前を変えるときには、始点となる隅角を曲がる前から運動を意識し、描く図形全体をイメージしておくようにします。隅角を曲がったら、1馬身の3mぐらいを目安に蹄跡を進み、そこからゆっくり角度をつくっていき、そのまま馬場を斜めに直進します。

POINT. 2

隅角から隅角へと対角線上にまっすぐ誘導する。

蹄跡行進では柵に寄り添うような形でレッスンを行うため、まっすぐに馬を誘導させることは比較的簡単です。ただ、斜めに手前を変えるときには、柵が離れていますのでまっすぐに進めるのも簡単ではありません。目標のポイントを意識してきちんと誘導していきましょう。

POINT. 3

対角側の隅角では図形の描き方が甘くならないように。

最初のうちは慣れない操作に意識がとられてしまい、特に対角となる隅角での誘導が甘くなりがちです。隅角の手前から曲がり始めしまうこともありますので、しっかりと目標となる場所を意識して、扶助を与えながら蹄跡上までしっかりと誘導することが大切です。

上達のポイント

NO. 42

蹄跡行進では左右のバランスを、

輪乗りでは角度を保つことを意識。

まずは自分の描くべき
図形をイメージして練習に臨む。

四角馬場での練習では、蹄跡行進と輪乗りを頻繁に行います。蹄跡行進は、馬場柵から60cmほど内側のラインをまっすぐ進むことをいいます。一定のスピードを保つことが必要ですので、そのためには**まずバランスをしっかりと保てるかどうか**が重要になります。また、馬場の端から端を使った直径輪の円周を進むのが輪乗り。実際にラインがあるわけではありませんので、自分の中でしっかりと円の図形を描き、一定のスピードで運動を続けていけるかどうかがポイントになります。**円上を動かすときには、一定の角度を保ち、同じカーブを描き続けることが**大切です。

ココをマスター

蹄跡行進、輪乗りを行うときの注意点を理解する。

できるポイントを徹底チェック！

蹄跡行進、輪乗りの運動は、馬場でレッスンを行うときの基本ですので、図形をしっかり頭に入れておきましょう。ここで両拳、両脚の使い方をきちんと理解しておけば、そのほかの運動もスムーズに練習できます。

POINT. 1

輪乗りのときはキチンとした円形を描けるように。

柵でイメージをつかみやすい蹄跡行進とは違い、輪乗りでは自分できちんと図形をイメージして運動をしなければいけません。特に部班などでは、前方に行く馬がいる位置へと近道しようとすることもありますので、きちんとした円を描けるように誘導しましょう。

POINT. 2

遠心力がかかってもバランスを崩さない姿勢を保つ。

大きなの輪乗りではそれほど感じることもありませんが、より小さな輪乗りを駈歩で行うようになると、スピードとともに遠心力を感じるようになります。そのため、意識的に体を内側へと傾ける人が少なくありません。常に左右のバランスを保った姿勢を心がけましょう。

POINT. 3

馬場柵に沿ってまっすぐ一定のスピードで進む。

蹄跡行進では柵沿いを歩くため、それほど意識しなくても馬はまっすぐ進んでくれます。ただ、ここで両拳、両脚を均等に使える姿勢をしっかりマスターしておかないと、手前変え、輪乗り、巻き乗りなどの運動を行うときに、うまく馬を誘導できなくなることにつながります。

上達のポイント

NO.43

巻乗り・半巻乗りでは、

角度を一定に保つことがポイントに。

同じスピードを保ちながら
しっかりと円を描けるように。

馬場で行われるレッスンでは、巻乗り、半巻乗りなどもよく取り入れられます。巻乗りは、柵に沿って蹄跡上をまっすぐ進み、途中で直径10mの円を描く運動です。円を描いた後にはそのまま蹄跡の同じ地点へと戻っていきます。この練習では、**方向を変えるための扶助をしっかり行うこと、そして直線と同じスピードを保ちながら運動を続けること**がポイントになります。半巻乗りは、巻乗りよりも多少難易度はやさしくなり、回転と直線とを組み合わせた運動になります。蹄跡上から半円を描くように回り、そして蹄跡上へとゆるやかに戻っていきます。

ココをマスター

巻乗り・半巻乗りのコツ、ポイントなどを覚える。

できるポイントを徹底チェック！

巻乗り、半巻乗りでは、蹄跡上を始点に、輪乗りよりも小さな円形を描いていきます。輪乗りよりも難易度の高い運動になりますので、円への入り方、姿勢の保ち方を意識して、繰り返し練習するようにしましょう。

POINT. 1 円をイメージし馬を一定の角度で曲げて保つ。

巻乗りを始める場所を決めたら、描くべき円をしっかりと頭の中にイメージしておきます。蹄跡を離れたら、馬を一定の角度に湾曲させて、そのままの姿勢を維持するようにします。このときスピードが落ちやすいので注意。円を描いた後は、蹄跡上の同じ位置に戻るようにします。

POINT. 2 半巻乗りは蹄跡上から半円を描いて戻る。

半巻乗りでは、半円を描いて、その後まっすぐに蹄跡上へと戻るように誘導します。ポイントとなるのは、巻乗りと同じく、蹄跡から離れて円を描き始める時。事前に図形をイメージし、円に入るためにきちんと一定の角度をつけることが大切になります。

POINT. 3 円を描くときは騎手の姿勢と目線を意識して。

特に小さな円を描く巻乗り、半巻乗りでは、騎手の視線が内側に向いてしまい、一定の角度を保てなくなりがちです。馬を曲げる角度を一定に保つだけではなく、騎手の姿勢を一定に保つことも大切。必要以上に内側・下側に目を落とさないようにしましょう。

上達のポイント NO.44

部班で距離を保つためには、

隅角での曲がり方を工夫するのがコツ。

1馬身の間隔を基準に
うまく誘導することを心がける。

乗馬のレッスンでは、複数の馬を使った部班での練習がよく行われます。部班とは一緒にレッスンを行うグループのことを指します。2人以上でレッスンを行うときには、基本的にグループの先頭から順番に並んでレッスンを行っていきます。このとき、馬同士の間隔を一定に保つようにしましょう。あまり近づきすぎると、他の馬に蹴られるなど、余計なケガにもつながりかねません。**基準となるのはおよそ1馬身程度**。馬によって歩く速さやリズムなども違うので、蹄跡行進を行うときなどにスピードを調整して、うまく間隔を取るようにしましょう。

ココをマスター

部班で練習を行うときに距離を保つ方法を覚える。

ステップ1
ステップ2
ステップ3

部班で距離を保つためのポイント

できるポイントを徹底チェック！

部班でのレッスンを行うときには、自分だけで好き勝手に運動を行うわけにはいきません。インストラクターの指示に従いながら、前後の馬との間隔を意識するようにします。写真などを参考に正しい間隔を理解しておきましょう。

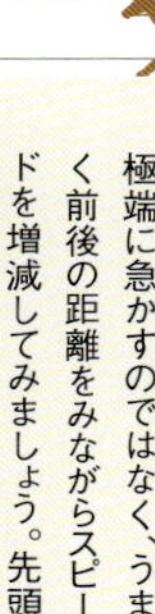

POINT. 1

部班の練習では3m程度の間隔を目安に。

部班での練習では、馬の前後の感覚は1馬身、3m程度を目安に。蹄跡行進を行うときには馬の間隔を調整しやすいので、極端に急かすのではなく、うまく前後の距離をみながらスピードを増減してみましょう。先頭の騎手は、隅角を使って後ろとの距離を確認するといいでしょう。

POINT. 2

距離を詰めるには隅角を内側に回るとスムーズ。

写真では一番後ろの馬の距離が離れています。こんなときは、馬の歩度を調整して前方の馬のスピードに合わせるようにします。どうしても追いつかないときには、隅角などで内側を回り、近道させることで、前方との距離を詰めていくようにします。

POINT. 3

後続の馬は隅角で内回りして接近しないように。

部班でよく見られるのは、写真のように、後続の馬が隅角を近道すること。前の馬に引き寄せられるように歩いてしまうと、どんどんと距離が詰まってきてしまいます。距離を保つためにも、後続の馬は隅角をきちんと曲がれるように意識しましょう。

上達のポイント NO.45

部班で号令を受けた時には、

前方の馬の行動に合わせるように。

**まずはあせらず行うこと。
前方の馬を見届ける余裕を持つ。**

部班でのレッスンを行うときは、複数の馬が一緒に号令を受けるため、前の馬を見ながらちょうどいいタイミングで運動を行っていくことが重要です。基本的に号令は先頭の馬に向けて指示が与えられるものですので、たとえば「速歩すすめ」といった号令がかかった時、2番目、3番目の馬に騎乗している人は、あわてて速歩をしようとしないように。**前の馬が速歩を始めたことを見届けてから、運動を始めれば問題ありません。**部班はグループで行うため、ほかの人に遅れまいと焦ってしまう人もいます。1人で乗る時よりも、冷静に状況を見ながら判断することが大切です。

ココをマスター

部班で練習を行うときの注意点やポイントを確認する。

できるポイントを徹底チェック!

部班の練習では、自分以外の人も同じ運動を行うため、一緒に合わせないといけないという意識が強くなり、冷静さを欠いてしまいがちです。まずは周りの状況を把握すること、気持ちに余裕を持つことが大切になります。

POINT. 1

前の馬の動きを見ながら落ち着いて。

部班では自分の前にいる馬の状況をキチンと把握することが重要です。たとえば、隅角を曲がる時でも、前方の馬が近道をすれば、距離が短くなることが予想されます。号令に対しても、前方の馬の様子をしっかり見届けて、落ち着いて対処することが肝心です。

POINT. 2

部班の練習では前の馬に続いて運動を行うのが基本。

部班の練習では、先頭の馬から運動を開始するのが基本です。号令がかかったときも、まずは前方の馬の様子を見守ってから運動を行うようにしましょう。前方の馬が歩様を変換できていない間に、駈歩、速歩などを号令とともに始めてしまうと、とても危険です。

POINT. 3

輪乗り・巻乗りでの内回りに気を付けておく。

輪乗りや巻乗りなどの号令が出た時には、特に後続の馬に乗る人は、馬が近道していかないように注意しましょう。先頭の馬につられるようにどんどんと距離が詰まってしまうと、きちんとした練習が行えません。輪乗りに入る前から内回りに気を付けるようにしましょう。

駈歩では、鞍の一番深い部分に

自分の腰を滑り込ませるように。

**まずは駈歩のうねりを体で感じ
一定のバランスを保つことから。**

駈歩では後肢で勢いよく地面を蹴り、3節で1連の動作をつくる大きなリズムが特徴です。その分、騎手には大きくうねったような反動が伝わります。速歩にくらべると動きやリズムは滑らかになりますが、鞍の上で大きく揺られるような感覚を受けるのと同時に、見た目よりもスピード感があるため、自分から姿勢やバランスを崩してしまうことがよくあります。大切なのはまず常に一定のバランスを保つこと。そして独特のうねりを、腰と背を柔らかく使って受けていくこと。**腰が浮き上がっても、腰を鞍の一番深いところに滑り込ませるようにして密着させる**のがコツになります。

ココをマスター

駈歩を行うための正しい姿勢・随伴を覚える。

できるポイントを徹底チェック！

駈歩独特のうねりのある動きをまずは理解すること。そしてスピードに対応できるように、胸を張った姿勢を維持するようにします。体の使い方を覚えてしまえば、速歩よりも楽しく爽快な運動を楽しめるようになります。

POINT. 1

スピードについていくために胸を張り、前を見る。

駈歩では、騎乗前に予想するよりもはるかにスピード感があります。このスピードについていくためには、騎手は多少前傾姿勢をとり、しっかりと胸を張るようにします。また、地面に目線を落としてしまうとバランスを崩しやすいので、前を見るように心がけましょう。

POINT. 2

自分の体重が垂直に落ちていくイメージを持つ。

駈歩の時にも、速歩のときと同様に鐙を一定の重さで踏み、脚で自分の体重を支えるようにしていきます。うねりのある反動が特徴になりますが、常に体の中心線を下へと伸ばしていくような感覚をイメージし、安定したバランスを保つようにしていきます。

POINT. 3

うねりに合わせて腰を鞍の深い所へ滑り込ませる。

駈歩の反動にうまくついていくためには、脚の力を抜いて腰を鞍につけて馬のうねりに合わせるようにします。このとき、写真のように鞍の前方を意識し、腰を鞍の一番深い部分へと滑り込ませるようにします。全身をやわらかく使えば、軽速歩よりもきっと楽に行えるはずです。

上達のポイント

NO. 47

駈歩で後橋に腰掛けてしまうときは、

手綱の長さ、拳の位置などに注意。

しっかりと姿勢を保たないと
駈歩発進や持続にも影響が出てくる。

ここでは駈歩での失敗例を紹介していきます。駈歩でも、ほかの歩様で運動するときと同様、一定のバランスを保つことが肝心です。ただ、よりスピードが速く、大きなリズムをとる駈歩では、**体のバランスの崩れがそのまま駈歩発進や持続にも大きな影響を与えてしまいます。**間違った乗り方を続けていると、例えば、駈歩を持続することがとても難しく感じたり、推進力が弱くなり止まってしまうことなども。鞍の後ろに座りすぎて胸を張った状態や、極端な前傾姿勢などが失敗例の典型ですが、ここでは、後橋側に座りこんでしまっている状態をみていきたいと思います。

ココをマスター

駈歩の典型的な失敗例から正しい姿勢を学ぶ。

できるポイントを徹底チェック！

駈歩の姿勢でよく見られるのが、極端に後ろに座り込んでしまっている状態です。ここではその注意点・対処法などを紹介。よいバランスを保ちながら、駈歩を続けられる姿勢づくりを目指していきます。

POINT. 1

手綱が長すぎてバランスが後ろになる。

駈歩では、常歩や速歩の時よりもやや短めに手綱を持ちかえます。サドルホルダーを持ちながら練習を続けていると、駈歩のバランスをとるために手綱を引いてしまうケースも多く見られます。体のバランスは脚や腰、股関節などで保つ意識を持つことも大切です。

POINT. 2

拳の位置が高すぎてしまい後ろに倒れこむ。

駈歩の運動はスピードが速いため、慣れないうちは体に余計な力が入ってしまいがちです。特に肩や肘などに力が入ってしまうと、柔らかい腕の使い方ができなくなり、肘や肩を固めて拳が上に上がってきてしまいがちです。リラックスした手綱の持ち方を心がけましょう。

POINT. 3

必要以上に反り返るため重心が後ろに。

鞍の深い部分に腰を滑り込ませる感覚を意識しすぎて、お腹の部分を必要以上に張ってしまうと、頭や胸の部分が後ろに倒れてきてしまい、どうしても後橋のあたりに腰掛けたような状態に。鐙に体重をかけることを意識し、脚を少し引くようにするといいでしょう。

上達のポイント NO. 48

駈歩での前傾姿勢を直すには、

目線を前方に向け、お腹を出す感覚で。

スピードを意識するあまり
体を丸めて目線を下げてしまう。

駈歩での失敗例はさまざまですが、極端に前傾姿勢をとってしまうというのもよくあるパターンの一つです。スピードに慣れないうちは、どうしても落馬への恐怖感から背中を丸めてしまい、視線も地面へと落してしまいがち。ただ、このように前傾姿勢になると、頭、背中、腰にしっかりとした張りをつくることができなくなり、かえってバランスを崩していってしまいます。**しっかりと視線を前方に向けること、そしてお腹を少し出すような気持ちで練習を重ねる**のがいいでしょう。手綱を短く持ちすぎていることも要因の一つに考えられますので、拳の位置なども確認してみましょう。

ココをマスター

駈歩の失敗例から正しい姿勢・随伴を確認する。

できるポイントを徹底チェック!

駈歩の際、極端な前傾姿勢になってしまう人は、駈歩のスピードに慣れることが肝心。余裕が出てきたら、視線を上にあげ、お腹を前に押し出すイメージを持ちながら、頭、背中、腰でのバランス感覚を養っていきましょう。

POINT. 1 極端に体が傾き前のめりになってしまう。

駈歩のスピードについていこうと、極端な前傾姿勢になってしまう人は、まずスピードに慣れることが大切です。前傾姿勢になってしまうと、スピードにはついていけますが、扶助を与えたり、輪乗りや巻乗りなどの各運動に移行するときにバランスを保てなくなってしまいます。

POINT. 2 手綱の長さが正しいかどうかを確認する。

手綱を短く持ちすぎているということも前傾姿勢の原因のひとつ。自分の拳の位置を確認しながら、手綱を長めにしてみてください。手綱はサドルホルダーのようにバランスをとるものではありませんので、体のバランスがしっかりとれているかどうかもチェックします。

POINT. 3 頭、腰、脚で一直線を描くイメージで。

前傾姿勢を正すために、頭、腰、脚の一直線のラインを意識するようにします。駈歩ではシーソーのように前後に馬体が傾きますので、シーソーを支える支柱になったようなイメージで、しっかりと体のラインを保持しながら垂直のバランスを一定に維持するようにします。

上達のポイント

NO. 49

駈歩でうまく発進するためには、

発進しやすい状態をつくることが肝心。

両方の脚の使い方と
手綱の調整を意識する。

ココをマスター

スムーズな駈歩発進の方法・ポイントを覚える。

駈歩の発進では、右手、左手、右脚、左脚をバラバラに使えるようにしないといけません。まず外側の脚は、お腹の後ろに引くようにかまえます。踵の内側、もしくはくるぶし付近で軽くお腹を触ります。次に、**内側の脚の膝とつま先を軽く外側に向け、ゆつくりと踵の内側で押して**いきます。これで発進していきます。

駈歩の合図は、馬の頸が長く、ゆったりとした状態からではなかなか最初の第一歩を踏み出すことができません。お腹に対して脚を使って反応を敏感にしておき、その後手綱を短く持ち直して、駈歩が発進しやすい状態を作っておくことが重要になります。

できるポイントを徹底チェック!

駈歩発進のポイントは、内側の脚と外側の脚の位置、そして手綱の調整によって発進しやすい状態を事前に作り出しておくことです。しっかりと手順を覚えて、スムーズに発進するためのポイントを押さえておきましょう。

POINT. 1

駈歩発進をしやすい状態を事前につくる。

手綱を伸ばしてリラックスした状態からでは、駈歩発進はなかなかできません。まずは脚を使うことで馬が敏感に反応する状態を作っておくこと、手綱を2～3cmほど短く持ちかえ、馬の頸が持ち上がってくるような体勢にしておくことが必要になります。

POINT. 2

内側の脚は軽く開いて踵の内側で押す。

駈歩発進では、脚の使い方が重要なポイントとなります。まず内側の脚は、つま先と膝を軽く外に向けるようにし、ゆっくり踵の内側で圧迫していくようにします。キックをするのではなく、踵の内側でぐっと押していくという感覚で発進を行うようにしましょう。

POINT. 3

外側の脚は少し引いてお腹の後ろへ。

内側の脚で合図を出す前に、まず外側の脚をお腹の後ろの方まで引きます。このときは特に圧迫する必要はありません。踵の内側、くるぶしあたりで軽く触れておく程度が目安です。脚の角度を変えて拍車を使ってしまったりしないように心がけましょう。

上達のポイント

NO. 50

駈歩発進できないときには、

頚の位置、手綱の長さなどを確認。

合図を出す前の準備段階で
うまくいくかどうかが決まる。

駈歩発進がうまくできない人の大半は、駈歩の合図を送る前に、しっかりと馬が発進できる状態を作れていないことに原因があります。駈歩発進では、脚の使い方と当時に手綱で少しブレーキをかけた状態を作ること、そして、常歩から駈歩発進する際には、駈歩になりやすい常歩を準備しておく必要があります。まずは**脚を使って馬のお腹を敏感に**しておきます。こうすることで少し速い常歩へと変わります。それと同時に**手綱を短く持ちかえて張りのある状態**を作ります。これを繰り返して小股で速い常歩にしておくことで、スムーズに駈歩発進を行うことができます。

ココをマスター

駈歩発進の失敗例から正しい方法や注意点を学ぶ。

できるポイントを徹底チェック！

駈歩発進のポイントは、合図を出すまえにしっかりと事前準備を行っておくこと。手綱にちゃんと張りがあるかどうか、小股で進むような速い常歩になっているか、頸が上がってきたかなどを確認していくようにします。

POINT. 1

手綱に全く張りのない状態で発進しようとする。

手綱が長くブラブラした状態からでは、いくら脚を使ってもなかなか駈歩発進はできません。うまく発進できないときは、まず自分の手綱にちゃんと張りがあるかどうかを確認するようにしましょう。それと同時に、常歩の歩き方もチェックするようにします。

POINT. 2

脚を使って頸を上げたときに手綱を持ちかえる。

手綱を短く持ちかえて、馬を発進しやすい状態にしていくためには、まずお腹に軽く蹴るようにして馬が敏感に反応するようにします。こうして脚を使うと、馬の頸がだらんとした状態から起き上がってきますので、それと同時に手綱を短く持ちかえるようにしていきます。

POINT. 3

頸が上がってくれれば発進準備ができたひとつの目安に。

最初は下がっていた頸が、脚での刺激と手綱の持ちかえによって上がってくれれば、駈歩発進しやすい状況ができてきた合図。常歩についても、ゆったりと伸びやかな歩き方から、前が詰まって小股で進むようなスピードのある歩き方へと変化します。

騎乗前の準備運動

乗馬では普段使わない筋肉を使うことも多いです。体を痛めたり、ケガをしないためにも、レッスン前にきちんと準備運動をするようにしましょう。

足の内側や股関節など必要な部分を入念に

それほど激しいスポーツに見えない乗馬ですが、普段使わない足の内側の筋肉を使うことが多いため、レッスンを始めた当初は、次の日にひどい筋肉痛が襲ってきた…なんてことも少なくありません。そんな体の痛みやけがを未然に防ぐためにも、体を伸ばしたりする柔軟運動を念入りに行っておきましょう。

屈伸運動

ふくらはぎ、膝、ふとももの裏側を意識して、筋をしっかりと伸ばすようにします。

アキレス腱をゆっくりと伸ばし、踵が下がりやすいように柔らかくほぐしていきます。

ステップ1
ステップ2
ステップ3

騎乗前の準備運動

肩や肘を伸ばす運動

肩や肘を反対方向へと
引っ張りながら、
肩や背中までの筋肉を
伸ばしていきます。

体を伸ばす運動

肩、背中、腕などを意識して、
しっかりと伸ばしていきます。

上体を後ろへそらす運動

息をとめないように、
上体を後ろへ傾けて、
腰のまわりをゆっくりと
伸ばします。

アキレス腱を伸ばす

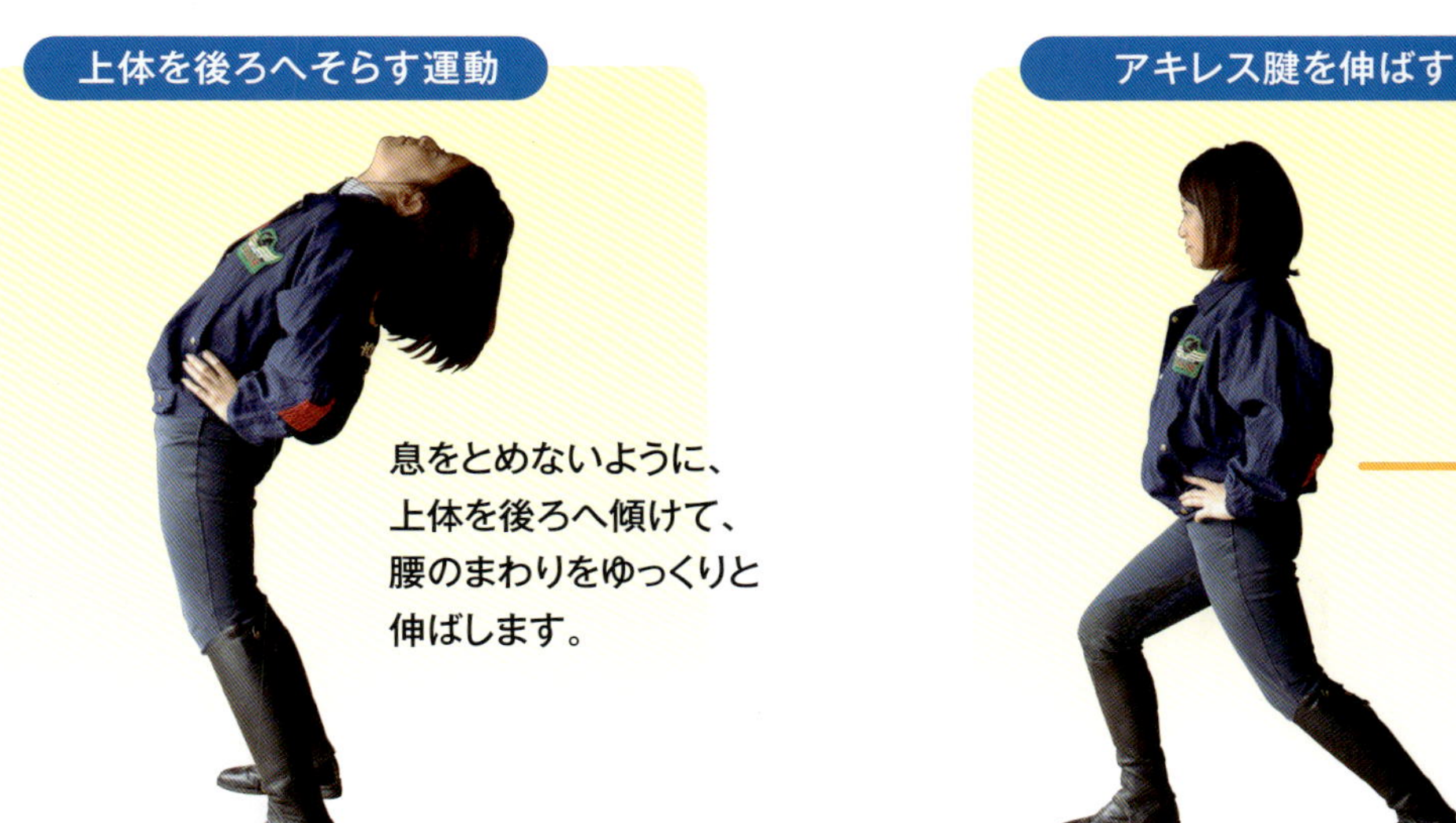

乗馬用語INDEX

あ行

【肢】あし
馬の4つの肢のこと。前の2肢を前肢（ぜんし）、後ろの2肢を後肢（こうし）と呼びます。

【鐙】あぶみ
騎手の脚を安定させるために、鞍に取り付けられている用具。自分の脚の長さや踏みやすさなどを考え、鐙革で長さを調整して使います。

【洗い場】あらいば
手入れや馬具の装着を行うため、厩舎の外にある馬をつなぐ場所。馬繋場（ばけいじょう）ともいいます。

【横木】おうぼく
馬の通る径路上に何本かの横木を置き、馬にまたいで歩かせるトレーニングのこと。馬がまたぐ際に反動が大きくなって加速がつくため、姿勢を作るため、障害飛越の準備段階の練習としてよく用いられます。

【押し手綱】おしたづな
馬の頸の付け根部分を手綱で押すようにし、馬を目的の方向へと誘導する方法のこと。外側の拳の扶助になります。

か行

【外乗】がいじょう
馬場を出て草原や森の中で馬に乗ること。

【外方】がいほう
馬や騎手の姿勢を左右に分け、円運動や馬場で柵に沿って行進中の外側の部分を指します。

【駈歩】かけあし
駈歩は右駈歩と左駈歩とがあります。右駈歩の場合は、まず左後肢が運ばれ、次に右後肢と左前肢、最後に右前肢が運ばれる3節運歩で、右前肢がリードする走り方です。左駈歩はその逆となります。

【金ぐし】かなぐし
馬体の皮膚の垢を取るための道具。

【騎座】きざ
鞍に座った姿勢、特に鞍と密着する腰、尻、大腿部を指します。

【脚】きゃく
大腿部から膝、ふくらはぎ、踵までを指し、主に膝から下で馬の腹を圧迫させる脚の扶助の意味で用いられます。

【厩舎】きゅうしゃ
馬が暮らす建物全体のこと。

【キュロット】きゅろっと
乗馬用に作られたズボンのこと。乗馬を行っている際、鞍や馬体との摩擦から脚を保護してくれる役目があります。

【隅角】ぐうかく
馬場の四隅の角のこと。

【鞍】くら
人が馬に乗るために、馬の背中に置いて使う道具のこと。目的に応じて、馬場運動専用の馬場鞍、障害飛越のための障害鞍、両方に使える総合鞍などがあります。

【鞍数】くらすう
馬に1回乗ることを1鞍と数え、鞍数を重ねることが乗馬の経験を判断するひとつの目安となります。

【軽速歩】けいはやあし
騎手と馬の両方を楽にするために、速歩の2拍子の反動のうちひとつを鞍から腰を浮かして抜く乗り方のこと。

【後軀】こうく
尻、股、後肢など、馬の腰から後ろの部分のこと。

【後肢】こうし
馬の4肢のうち、後方の2肢のこと。

【拳】こぶし
手綱を持つ手のこと。手綱の操作である拳の扶助の意味で用いられることが多いです。

■さ行

【水勒】すいろく
馬の方向を変えたり、とめたりするなど、馬を操るために使用する頭絡。単に頭絡と呼ぶことが一般的です。銜（はみ）を通じて騎手の指示を馬に伝えることができます。項革、額革、頬革、鼻革、顎下革、咽革、銜、銜鐶、手綱で構成されています。

【ゼッケン】ぜっけん
馬体と鞍の間に置いて、クッションの役割を果たします。運動しているときに、鞍で馬体が傷つかないように保護するのと同時に、汗をとる意味でも用いられます。

【舌鼓】ぜっこ
舌を「チッチッチ」を鳴らすこと。これにより、扶助通りに動かない馬に注意を与えます。

【前軀】ぜんく
馬体の頭から頸、肩、き甲まで、前肢を含んだ馬体の前方部分のこと。

【前肢】ぜんし
馬の4肢のうち、前方の2肢のこと。

■た行

【手綱】たづな
馬の運動を操作するために騎手が持つ綱のこと。スピードの調整、方向の指示などに使います。

【中軀】ちゅうく
馬のき甲の後ろから、腰の前までの背中、腹の部分のこと。

【蹄跡】ていせき
馬場の柵から60cmほど内側に続く蹄の跡の部分を指します。「蹄跡に戻る」、「蹄跡から離れる」といった使い方をします。

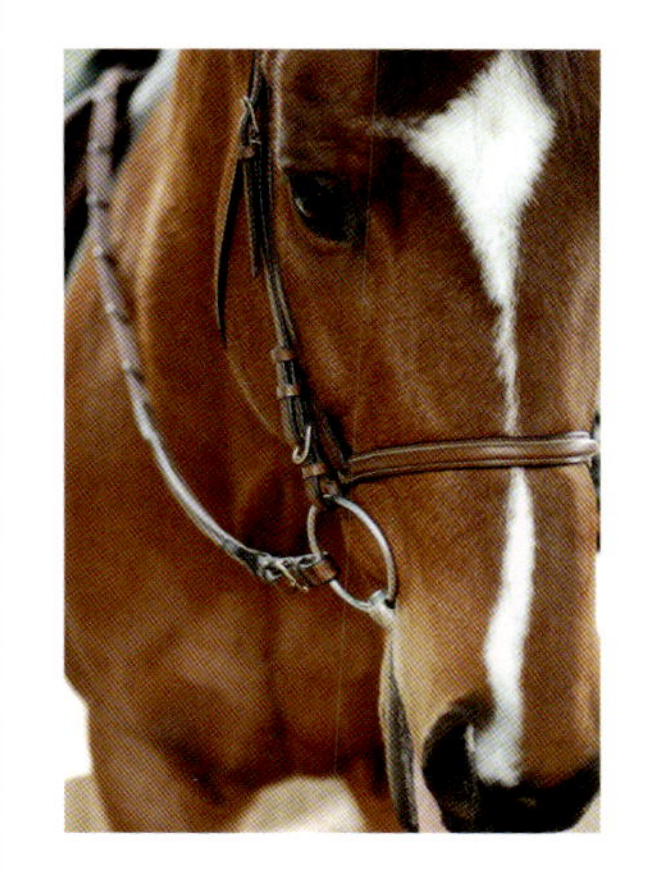

た行

【蹄跡行進】ていせきこうしん
馬場の柵に沿って馬を直進させること。柵から約60cm内側あたりを進んでいきます。

【蹄鉄】ていてつ
蹄の保護のために、蹄の裏に取り付けられている鉄のこと。

【蹄油】ていゆ
蹄の乾燥を防ぐため、手入れの最後に塗る油のこと。

【鉄爪】てっぴ
蹄の裏に付着した泥などをとるために使う道具。

【頭絡】とうらく
乗馬をするために、馬の頭に取り付ける道具。無口頭絡、水勒など、目的に応じていろんなタイプのものがあります。

な行

【内方】ないほう
馬や騎手の姿勢を左右に分け、円運動や馬場で柵に沿って行進中の内側の部分を指します。

【常歩】なみあし
4肢が1肢ずつ順番に出ていく4節運歩のゆっくりとした歩き方。分速約110mの速さで進みます。

【斜めに手前を変え】ななめにてまえをかえ
馬場の短い方の柵に沿って直進し、角を曲がったところから斜めに直進、対角線上の角へと進み、その後、蹄跡に戻って馬場を逆まわりに直進する運動のこと。

【根ブラシ】ねぶらし
馬体のほこりや泥などをとるための道具。

は行

【拍車】はくしゃ
ブーツの踵部分につける道具。脚での圧迫で馬が動かないときに、拍車の先端を腹に当てることで馬を動かします。

【馬上体操】ばじょうたいそう
馬の動きに慣れ、乗馬に必要な柔軟性や筋力をつけるために馬上で行う体操のこと。

【馬房】ばぼう
馬が飼育されている部屋。乗馬を行う際には、まずここから馬を曳き出すところから始まります。

【腹帯】はらおび
鞍を馬体に固定させるために用いられる帯。馬体の帯径あたりに接触するのが腹帯の正しい位置になります。腹帯は、騎手が馬に乗りながらでも締め具合を調整できます。

【銜】はみ
手綱の操作による合図を直接馬に伝えるためのものです。騎手の拳による細かい動きを馬にしっかりと伝えることができます。

【速歩】はやあし
4肢のうち、右前肢と左後肢、左前肢と右後肢が対になって運ばれる2節運歩の歩き方。分速約220mで進みます。

【反動】はんどう
馬が動くごとに生じる揺れのこと。歩様に応じて馬のリズムや揺れ方などが変わってきます。

【半巻乗り】はんまきのり
柵沿いを直進する途中で円を描くように進み、円の半分あたりから反対方向へと直進して蹄跡へと戻る運動のこと。

【曳き馬】ひきうま
騎手が馬の横を歩きながら誘導していくこと。馬を馬房から出すときや、馬具を装着後、馬場へと馬を連れていく際などに用います。

【開き手綱】ひらきたづな
拳を横を開くようにすることで、馬の頸を目的の方向へと誘導させる手綱の扶助のこと。

【ブーツ】ぶーつ
長靴（ちょうか）ともいい、脚に履いて馬に合図を送るための道具です。革製のもの、合成ゴム製のものがあり、かかとの部分に拍車をつけて扶助を補うこともあります。

【扶助】ふじょ
騎手の意思を馬に伝える合図のこと。主扶助として、拳、騎座、脚、副扶助として、拍車、鞭、舌鼓などがあります。

【ブラッシング】ぶらっしんぐ
馬体にブラシをかけ、ほこりや泥、フケなどを取り除く手入れのこと。根ブラシ、金ぐしなど、必要に応じてさまざまな道具を用います。

【ヘルメット】へるめっと
落馬などの危険から頭部を守る道具。猟騎帽（りょうきぼう）とも呼ばれます。硬く頑丈な素材でできており、ビロードが布張りされています。

【歩様】ほよう
馬の歩き方のこと。常歩、速歩、駈歩などに分けられます。

■ま行

【巻乗り】まきのり
柵沿いを直進する途中で直径10mほどの輪を描いて、再び直進する運動のこと。

【水切り】みずきり
馬体の汗や水分を取り除くときに使われる道具のこと。

【無口】むくち
無口頭絡のこと。馬を馬房から出すときに使用する道具のこと。項革、頬革、鼻革、咽革、引き綱から成り立っています。

【鞭】むち
手綱と一緒に持って騎乗し、馬の肩、腰などに先端を当てて使います。

■わ行

【輪乗り】わのり
直径20mの円を描くように進む運動のこと。

編　集
平井基一　Motokazu Hirai
[Office-Hirai オフィス・ヒライ]

撮　影
若林聖人　Kiyoto Wakabayashi
[Ring Photographic Arts]

江崎浩司　Koji Esaki

デザイン
杉浦理加　Rika Sugiura
[Yoshikawa Design Studio]

乗馬 上達バイブル 正しい技術でレベルアップ

2016年4月30日　第1版・第1刷発行
2025年2月10日　第1版・第15刷発行

監　修　乗馬クラブクレイン（じょうばくらぶくれいん）
発行者　株式会社メイツユニバーサルコンテンツ
代表者　大羽 孝志
〒102-0093 東京都千代田区平河町一丁目1-8
印　刷　株式会社厚徳社

◎『メイツ出版』は当社の商標です。

ウェブサイト https://www.mates-publishing.co.jp/
企画担当：堀明研斗　　制作担当：清岡香奈

※この書籍は2008年発行の『優雅に駆ける！乗馬 上達のポイント50』の書名・装丁を変更し、新たに発行したものです。